PE

Anglais

Petite conversation en *Anglais 2*

place
des
éditeurs

© Lonely Planet 2009,
12 avenue d'Italie, 75627 Paris cedex 13
☎ 01 44 16 05 00
lonelyplanet@placedesediteurs.com
www.lonelyplanet.fr

Responsable éditorial : Didier Férat
Coordination éditoriale : Cécile Bertolissio
Traduction et adaptation : Marie Thureau
Maquette : Christian Deloye et Jean-Noël Doan

Dépôt légal
Février 2009
ISBN 978-2-84070-827-8

Photographie de couverture
Reflet du coucher de soleil sur un Bus double-decker devant les Houses of Parliament et Big Ben, © Barbara Van Zanten/Lonely Planet Images 2009

Imprimé en France par E.M.D.- N° dossier : 20387

CONVERSATION 6

Premier contact 6
Basiques 6
Se faire comprendre 8
À propos de vous....9
Études et professions 10
Âge 11
Sentiments et sensations....11
Croyances 12
Climat 12

VISITES 13

Sites touristiques 13
Galeries et musées 14
Billetterie....15
Visites guidées....15
Top 5 des excursions 17
Top 10 des sites....18

SHOPPING 20

Renseignements....20
Argent....21
Vêtements et chaussures 22
Hauts lieux du shopping 22
Livres et musique....23
Photographie....24

SORTIES 25

Rendez-vous....26
Centres d'intérêt....26
Au programme....25

RESTAURANT 27

Réservation....27
Quel restaurant choisir ?....28
Commander....29
Boissons non alcoolisées....29
Boissons alcoolisées....30
Au bar....30
Faire ses courses....31
Allergies et régimes spéciaux....32
Au menu 33
Lexique culinaire....34
Les meilleurs casse-croûtes....41

SOMMAIRE

SERVICES 42

Poste 42
Banque 42
Téléphone 43
Téléphone portable 44
Internet 45

TRANSPORTS 46

Orientation 46
Circuler 47
Billets et bagages 48
Bus, métro, taxi et train 50
Location de véhicules 52
Signalisation routière 53

HÉBERGEMENT 54

Trouver un hébergement 54
Réservation 55
Renseignements 56
Quitter les lieux 58

AFFAIRES 59

Présentations 59
Affaire en cours 60
Affaire conclue 60

SÉCURITÉ ET SANTÉ 61

Urgences 61
Police 62
Santé 63
Condition physique et allergies ..64

EN DÉTAIL 67

Dictionnaire français/anglais 70
Dictionnaire anglais/français 86

INDEX 93

Nom

Les anglophones appellent l'anglais *English* inn·glich.

Famille linguistique

L'anglais appartient au groupe germanique des langues indo-européennes, comme l'allemand, le néerlandais et les langues scandinaves.

Pays concernés

L'anglais est la langue principale de nombreux pays (Royaume-Uni, États-Unis, ancien Empire britannique) et s'impose comme la langue la plus étudiée, et la plus pratiquée dans le cadre des communications internationales. À l'exception du chinois, aucune autre langue n'est parlée par autant de personnes.

Nombre de locuteurs

L'anglais est la langue maternelle de quelque 320 millions de personnes dans le monde.

Apports au français

Les premiers emprunts massifs du français à l'anglais datent de l'époque de la Révolution française. Le processus s'est considérablement accéléré depuis le milieu du XXe siècle.

Grammaire

Assez proche de la structure du français, l'anglais ne pose pas de problème majeur aux francophones.

Prononciation

La prononciation de l'anglais peut dérouter un francophone, en particulier du fait que certains sons n'existent pas en français. Quoi qu'il en soit, oubliez vos complexes ! L'accent d'un francophone parlant anglais a autant de charme que celui d'un anglophone s'essayant à notre langue !

Abréviations

m	masculin	**sg**	singulier	**pol**	politesse
f	féminin	**pl**	pluriel	**fam**	familier

CONVERSATION

Premier contact

Bonjour.	*Hello.*	*hè*·lo
Salut.	*Hi.*	haï
Bonjour (matin).	*Good morning.*	goud *mor*·ninng
Bonjour (après-midi).	*afternoon.*	af·teu·*noun*
Bonsoir.	*Good evening.*	goud *iv*·ninng
Bonne nuit.	*Good night.*	goud naït
À bientôt.	*See you later.*	sii you *léï*·teur
Au revoir.	*Goodbye.*	goud·*baï*
Monsieur (M)	*Mr/Sir*	*mis*·teur/sœr
Madame (Mme)	*Ms/Mrs*	*mis*·iz
Mademoiselle (Mlle)	*Miss*	mis
Docteur	*Doctor*	*dok*·teur

Comment allez-vous/vas-tu ?
How are you? — *hao* âr you

CONVERSATION

Basiques

Oui.	*Yes.*	yès
Non.	*No.*	neo
S'il vous plaît.	*Please.*	pliiz
Merci (beaucoup).	*Thank you (very much).*	*Sank* you (vè·ri *meutch*)
Je vous en prie.	*You're welcome.*	your *wèl*·komm
Excusez-moi.	*Excuse me.*	ek·*skyouz* mi
Pardon.	*Sorry.*	*so*·ri

Bien, merci. Et vous/toi ?
Fine. And you? — faïn. annd *you*

Comment vous appelez-vous/t'appelles-tu ?
What's your name? — *wats* your néïm

Je m'appelle…
My name is ... — maï néïm iz ...

Je vous présente…
I'd like to introduce you to ... — aïd laïk tou inn·tro·*dyous* you tou ...

Enchanté(e).
(I'm) Pleased to meet you. — (aïm) *pliizd* tou mit you

J'ai été ravi(e) de faire ta connaissance !
It's been great meeting you! — its binn grèt *mii*·tinng you

Voici mon/ma…	*This is my ...*	*Zis* iz maï ...
fils	*son*	sonn
fille	*daughter*	*doo*·teur
collègue	*colleague*	*ko*·liig
ami(e)	*friend*	frènnd
mari	*husband*	*heus*·bannd
femme	*wife*	waïf
compagnon/ compagne	*partner*	*par*·tneur

Je suis ici…	*I'm here ...*	aïm hiir ...
pour les vacances	*for a holiday*	for eu *ho*·li·déï
pour le travail	*on business*	onn *biz*·nès
pour mes études	*to study*	to *steu*·di
avec ma famille	*with my family*	wiZ maï *fa*·mi·li
avec mon/ma petit(e) ami(e)	*with my partner*	wiZ maï *pârt*·neur

CONVERSATION

Pour combien de temps êtes-vous ici ?
How long are you here for? — *hao* long âr you hiir *for*

Je reste ici … jours/semaines.
I'm here for ... days/weeks. — aïm hiir for ... déïz/wiiks

Êtes-vous déjà allé(e) (en France) ?
Have you ever been (to France)? — hav you è·veur *biin* (tou frans)

Pour les nombres, consultez le chapitre **EN DÉTAIL**, p. 67.

Voici mon/ma/mes…
This is my ... — *Zis* iz maï ...

Échangeons nos adresses.
Let's swap addresses. — lèts swap eu·*drè*·seuz

Donnez de vos nouvelles !
Keep in touch! — kiip inn *teutch*

Quel est votre… ?	*What's your ...?*	*wats* your ...
adresse	*address*	eu·*drès*
adresse e-mail	*address email*	eu·*drès i*·méïl
numéro de fax	*fax number*	*faks num*·beur
numéro de téléphone	*phone number*	*fonn num*·beur
numéro de portable	*mobile number*	*mo*·baïl *num*·beur
numéro professionnel	*work number*	*woork num*·beur

Se faire comprendre

Parlez-vous français ?
Do you speak French? — dou you spiik *frènch*

Y a-t-il quelqu'un qui parle français ?
Does anyone speak French? — daz è·ni·wann spik *frènnch*

Vous me comprenez ?/Tu me comprends ? pol/fam
Do you understand? — dou you eunn·deur·*stand*

Je (vous/te) comprends. pol/fam
I understand. — aï eunn·deur·*stand*

Je ne comprends pas.
I don't understand. — aï *dont* eunn·deur·*stand*

Je parle un peu l'anglais.
I speak a little English. — aï spik a liteul *inn*·glich

Que veut dire "forbidden" ?
What does "forbidden" mean? — wat daz for·*bi*·dènn miinn

Comment... ?	*How do you ...?*	*hao* dou you ...
prononce-t-on ceci	*pronounce this*	pro·*non*·se Zis
écrit-on *"Scottish"*	*write 'Scottish'*	raït *sko*·tich

Pourriez-vous...,	*Could you ...,*	koud you ...
s'il vous plaît ?	*please?*	pliiz
parler plus lentement	*speak more slowly*	spik moor *slao*·li
répéter	*repeat*	ri·*piit*
l'écrire	*write it down*	raït it *daonn*

À propos de vous

Je viens...	*I'm from ...*	aïm from ...
de Paris	*Paris*	*pa*·risse
de Lyon	*Lyon*	lion
de Belgique	*Belgium*	*bèl*·djiom
de Suisse	*Switzerland*	*swi*·dze·lande
du Canada	*Canada*	*ka*·na·da

D'où venez-vous ?
Where are you from? wèr âr you *from*

Je suis…	*I'm …*	aïm …
célibataire	*single*	*sinn*·geul
marié(e)	*married*	*ma*·rid
séparé(e)	*separated*	sè·pa·*réï*·teud

Études et professions

Que faites-vous dans la vie ?
What's your occupation? *wats* your o·kyu·*péï*·chonn

Je suis…	*I'm a …*	aïm eu …
homme/femme d'affaires	*business person*	*biz*·nès *peur*·sonn
cuisinier/cuisinière	*chef*	chèf
médecin	*doctor*	*dok*·tor
retraité(e)	*retired*	*ri*·taïrd
architecte	*architect*	*ar*·ki·tekt

Je travaille dans…	*I work in …*	aï woork in …
l'édition	*publishing*	*peu*·bli·chinng
l'enseignement	*education*	é·du·*kéï*·chonn
la santé	*health*	hèlS
la vente et le marketing	*sales & marketing*	séïlz annd *mar*·kè·tinng

Je fais des études…	*I'm studying …*	aïm *steu*·di·inng
d'ingénieur	*engineering*	ènn·dji·*nii*·rinng
de français	*French*	frènch
de médecine	*medecine*	*mé*·deu·ssinn

Pour d'autres noms de professions, consultez le dictionnaire, dans le chapitre **EN DÉTAIL**, p. 70.

CONVERSATION

Âge

Quel âge avez-vous ?

How old are you? — *hao* old âr you

Quel âge a…	*How old is ...*	*hao* old iz ...
votre fils	*your son*	your sonn
votre fille	*your daughter*	your *doo*·teur

J'ai … ans.

I'm ... years old. — aïm ... yœrz *old*

Il/Elle a … ans.

He/She is ... years old. — hi/chi iz ... yœrz *old*

Trop vieux/vieille !

Too old! — tou old

Je ne fais pas mon âge.

I'm younger than I look. — aïm *yon*·geur Zann aï louk

Pour l'âge, consultez le chapitre **EN DÉTAIL**, p. 67.

Sentiments et sensations

J'ai…	*I'm ...*	aïm ...
Je n'ai pas…	*I'm not ...*	aïm not ...
Avez-vous… ?	*Are you ...?*	âr you ...
chaud	*hot*	hot
faim	*hungry*	*heunn*·gri
sommeil	*sleepy*	*sli*·pi

Je suis...	*I'm ...*	aïm ...
Je ne suis pas…	*I'm not ...*	aïm not ...
Êtes-vous… ?	*Are you ...?*	âr you ...
content(e)	*happy*	ha·pi
satisfait(e)	*satisfied*	*sa*·tis·faïd
triste	*sad*	sâd

Croyances

Je suis…	*I'm ...*	aïm ...
Je ne suis pas…	*I'm not ...*	aïm not ...
agnostique	*agnostic*	ag·*no*·stik
athé(e)	*atheist*	*eï*·Siist
bouddhiste	*Buddhist*	*bou*·dist
catholique	*Catholic*	*kâ*·So·lik
hindouiste	*Hindu*	*hinn*·dou
juif/juive	*Jewish*	*djou*·wich
musulman(e)	*Muslim*	*meus*·lim
pratiquant(e)	*practising*	*prâk*·ti·sinng
protestant(e)	*Protestant*	*pro*·tis·stènnt

Climat

Quel temps fait-il ?
What's the weather like? — wats Zeu *wè*·Zeur laïk

Où puis-je trouver les prévisions météo ?
Where can I find a weather forecast? — *wèr* kann aï faïnnd eu *wè*·Zeur *for*·kast

(Aujourd'hui)	*(Today)*	(tou·*déï*)
Il fait...	*It's ...*	its ...
froid	*cold*	koold
(très) chaud	*(very) hot*	(*vè*·ri) hot

Est-ce qu'il y aura du vent demain ?
Will it be windy tomorrow? — wil it bi *winn*·di tou·*mo*·ro

Il pleut.	*It's raining.*	its *réï*·ninng
Il neige.	*It's snowing.*	its *sno*·winng
Le temps est couvert.	*It's cloudy.*	its *klaou*·di

VISITES
Sites touristiques

Pouvez-vous me recommander un site à visiter ?

Can you recommend a place to go to?	kann you rè·ko·*mènnd* eu plèïs tou *go* tou

Avez-vous de la documentation sur les sites... ?	*Do you have information on ... sights?*	dou you hav inn·for·*méï*·cheunn onn ... saïts
gratuits	*free*	*frii*
de la région	*local*	*lo*·keul
exceptionnels	*unique*	you·*nik*

J'aimerais voir...

I'd like to see ...	aïd laïk tou *sii* ...

Qu'est-ce que c'est ?

What's that?	wats *Zat*

Qui l'a fait ?

Who made it?	hou *méïd* it

De quand ça date ?

How old is it?	hao *old* iz it

Je voudrais un(e)...	*I'd like ...*	aïd laïk ...
audio-guide	*an audio set*	eun *oo*·dio sèt
catalogue	*a catalogue*	eu *ka*·teu·log
plan de la ville	*a city map*	eu *si*·ti map
guide (personne)	*a guide*	eu *gaïd*
guide (livre)	*a guidebook*	eu *gaïd bouk*
carte de la région	*a local map*	eu *lo*·keul map

Pouvez-vous me prendre en photo ?

Could you take a photograph of me? — koud you téïk eu *fo*·to·graf of mi

Puis-je prendre des photos ?

Can I take photographs? — kann aï téïk *fo*·to·grafs

Je vous enverrai la photo.

I'll send you the photograph. — al sènnd you Zeu *fo*·to·graf

Galeries et musées

À quelle heure ouvre la/le... ?	*When's the ... open?*	wènz Zeu ... o·pènn
galerie	*gallery*	*ga*·leu·ri
musée	*museum*	myou·*zè*·omm

Qu'y a-t-il dans la collection ?

What's in the collection? — wats in Zeu *ko·lek*·cheunn

C'est une exposition de...

It's a/an ... exhibition. — its eu/eun ... ek·zi·*bi·cheunn*

J'aime l'œuvre de...

I like the works of ... — aï *laïk* Zeu woorks of ...

Cela me rappelle...

It reminds me of ... — it ri·*maïnnds* mi of ...

Art ...	*... art*	... ârt
contemporain	*contemporary*	konn·*tem*·peu·reu·ri
impressionniste	*impressionist*	imm·*prè*·chonn·ist
moderne	*modern*	*mo*·dèrn
de la Renaissance	*Renaissance*	ri·*nè*·sans
classique	*classical*	*kla*·si keul

VISITES

Billetterie

Quel est le prix d'entrée ?
What's the admission charge? — wats Zi *ad*·mi·cheunn *tchârdj*

Ça coûte (7 euros).
It costs (seven euros) — it kosts (sè·veunn) *you*·roz

À quelle heure ça... ?	*What time does it ...?*	wat *taïm* daz it ...
ferme	*close*	kloz
ouvre	*open*	o·pènn
Y a-t-il des réductions pour les... ?	*Is there a discount for ...?*	iz Zèèr eu *dis*·ka·ounnt for
enfants	*children*	*tchil*·drènn
familles	*families*	*fa*·mi·liz
groupes	*groups*	groups
retraités	*pensioners*	*pènn*·chonn·iirz
étudiants	*students*	*styou*·deunnts
chômeurs	*unemployed*	eun èm·*ploïd*

Visites guidées

Pouvez-vous me recommander un(e)... ?	*Can you recommend a ...?*	kann you rè·ko·*mènnd* eu ...
excursion en bateau	*boat-trip*	*boot* trip
excursion d'une journée	*day trip*	*déï* trip
circuit	*tour*	*touour*

VISITES

Quand est la/le prochain(e)… ?	*When's the next ...?*	wènz Zeu nèkst ...
excursion en bateau	*boat-trip*	*boot* trip
excursion d'une journée	*day trip*	*déï* trip
circuit	*tour*	*touour*

Le/la ... est-il/elle inclus(e) ?	*Is ... included?*	iz ... inn·*klou*·did
logement	*accommodation*	eu·ko·mo·*déï*·cheunn
nourriture	*food*	*fououd*
transport	*transport*	*trans*·poort
prix d'entrée	*admission price*	eud·*mi*·cheunn praïs

Dois-je apporter... ?
Do I need to take ...? dou aï niid tou téïk ...

Le guide va payer.
The guide will pay. Zeu *gaïd* wil péï

Le guide a payé.
The guide has paid. Zeu *gaïd* haz *péïd*

Combien de temps dure le circuit ?
How long is the tour? hao *long* iz Zeu touour

À quelle heure devons-nous être de retour ?
What time should we be back? wat *taïm* choud wi bi bak

Je suis avec eux.
I'm with them. aïm wiZ *Zèm*

J'ai perdu mon groupe.
I've lost my group. aïv *lost* maï group

Avez-vous vu un groupe (de Français).
Have you seen a group of (French) hav you siin eu group of (*frènnch*)

Top 5 des excursions

Besoin d'une escapade ? Profitez des charmes des environs de Londres, en optant pour l'une des destinations ci-dessous :

Richmond *ritch*·mond

Plusieurs siècles d'histoire royale, quelques belles pièces d'architecture georgienne, le gracieux méandre de la Tamise et un magnifique parc font de Richmond l'une des banlieues les plus en vue.

Kew *kyou*

Cet élégant faubourg de l'ouest londonien jouit d'une renommée internationale grâce à ses jardins botaniques, les Kew Gardens.

Hampton Court Palace *hamp*·tonn kort *pa*·leus

Le merveilleux Hampton Court Palace est le plus grand et le plus imposant édifice Tudor d'Angleterre. Il est entouré de superbes jardins et d'un célèbre labyrinthe vieux de 300 ans.

Greenwich *griin*·witch

Ce site classé au patrimoine mondial de l'humanité compte, bien sûr, le méridien de longitude 0, à partir duquel le temps universel est calculé, mais aussi le célèbre Cutty Sark, le National Maritime Museum, et bien d'avantage.

Château de Windsor *winnd*·zor *kâ*·seul

Ce grand château médiéval est l'une des principales attractions touristiques du pays. Posé sur une falaise crayeuse au-dessus de la Tamise, il abrite la famille royale britannique depuis 900 ans. Maintes fois remanié, il est aujourd'hui formé de la Round Tower, encadrée par deux ensembles de cours.

Top 10 des sites

Londres renferme une extraordinaire richesse culturelle. Pour un court séjour, vous pourrez vous concentrer sur quelques-uns des sites ci-dessous :

Tower Bridge *ta*·weur bridj

Le Tower Bridge est l'un des emblèmes de Londres. Ses tours néogothiques et ses suspensions de couleur bleue ne manquent pas d'attirer le regard. Construit en 1894, il est doté d'un mécanisme de bascule révolutionnaire pour l'époque, permettant de dégager la voie aux bateaux en 3 minutes.

Covent Garden *konn*·vènnt *gâr*·deunn

Première place londonienne construite sur plan, Covent Garden est désormais envahie de touristes qui viennent faire les boutiques sous les pittoresques arcades, écouter les musiciens ambulants et délester leur porte-monnaie aux terrasses des cafés.

British Museum *bri*·tich myou·*zi*·eum

Le British Museum (1749) est l'un des plus somptueux et des plus anciens musées au monde. Il possède aujourd'hui un fonds de quelque 7 millions de pièces, enrichi au fil des années par de judicieuses acquisitions ou le "pillage" controversé des œuvres d'art de l'Empire britannique.

Tower of London *ta*·weur of *lonn*·donn

C'est ici, dans la célèbre tour de Londres, qu'Anne Boleyn, épouse du roi Henry VIII, fut décapitée au XVIe siècle, et que sont aujourd'hui encore conservés les joyaux de la Couronne britannique.

Westminster Abbey *wèst*·minn·steur eu·*bèï*

Voici l'un des lieux les plus sacrés et les plus symboliques d'Angleterre : à l'exception d'Édouard V et d'Édouard VIII, tous les souverains y ont été couronnés depuis Guillaume le Conquérant (1066).

National Gallery na·*cheu*·neul *gal*·ri

Avec plus de 2 000 tableaux d'Europe occidentale, la National Gallery figure parmi les plus vastes galeries au monde. Vous admirerez ici des œuvres de Giotto, Botticelli, Léonard de Vinci, Michel-Ange, Titien, Rubens, Vélasquez, Van Gogh, Degas, Monet et Renoir, pour n'en citer que quelques-uns.

Buckingham Palace *beuk*·inng·gam *pa*·leus

Construit en 1705 pour le duc de Buckingham, ce palais sert de résidence à la famille royale depuis 1837. On ne peut le manquer : il s'élève à l'extrémité du Mall, à la jonction de St James's Park et de Green Park, devant un immense rond-point dominé par le Queen Victoria Memorial.

Saint Paul's Cathedral *sènnt* pols ka·*Sii*·dreul

Cette cathédrale figure parmi les monuments les plus grandioses de Londres et arbore fièrement la plus grande coupole de la capitale. La première messe y fut célébrée en 1697.

Hyde Park haïd pârk

Avec une superficie de 45 ha, Hyde Park est le plus vaste des espaces verts de Londres. Il forme un ensemble attrayant constitué à la fois de jardins soigneusement entretenus et de vastes étendues de gazon. Au printemps, il resplendit de mille couleurs. L'été, une foule nombreuse s'y prélasse au soleil.

Houses of Parliament *haou*·ziz of *par*·lieu·mènnt

C'est dans le somptueux palais de Westminster que se trouvent les *Houses of Parliament* composées de la Chambre des communes (*House of Commons*) et de la Chambre des lords (*House of Lords*). Construit en 1840 au plus fort de la vogue néogothique, l'édifice a retrouvé récemment son éclat mordoré d'origine. À l'extérieur, vous admirerez la tour de l'horloge, la célèbre Big Ben (du nom du carillon suspendu à l'intérieur).

SHOPPING
Renseignements

Où puis-je trouver... ? *Where's ...?* wèrz
une banque *a bank* eu bannk
une boulangerie *a bakery* eu *béï*·keu·ri
un supermarché *a supermarket* eu *syou*·peur·mâr·kèt

Où puis-je acheter... ?
Where can I buy ...? wèr kann aï *baï* ...

Je voudrais acheter...
I'd like to buy ... aïd laïk tou *baï* ...

En avez-vous d'autres ?
Do you have any others? dou you hav èni *o*·Zeurs

Puis-je le voir ?
Can I look at it? kann aï *louk* at it

Je ne fais que regarder.
I'm just looking. aïm djeust *lou*·kinng

Pouvez-vous faire un paquet cadeau ?
Could I have it wrapped? koud aï hav it *râpt*

Puis-je avoir un sac, s'il vous plaît ?
Could I have a bag please? koud aï hav eu *bag* pliiz

Y a-t-il une garantie ?
Does it have a guarantee? daz it hav eu *ga*·ran·ti

Pouvez-vous l'envoyer à l'étranger ?
Can I have it sent overseas? kann aï hav it sènnt *o*·veur·siiz

Puis-je passer le prendre plus tard ?
Can I pick it up later? kann aï pik it eup *léï*·teur

C'est abîmé/cassé.
It's faulty/broken. — its *fool*·ti/*bro*·kènn

Pourriez-vous…, s'il vous plaît.	*I'd like ..., please.*	aïd laïk ... pliiz
me rendre ma monnaie	*my change*	maï *tchènndj*
me rembourser	*my money back*	maï *mo·nè* bak
reprendre cet article	*to return this*	tou *ri·teurn* Zis

Puis-je avoir des petites coupures ?
Can I have smaller notes? — kann aï hav *smoo*·leur nots

Argent

Combien ça coûte ?
How much is it? — *hao* meutch iz it

Pouvez-vous m'écrire le prix ?
Can you write down the price? — kann you raït daonn Zeu *praïs*

Acceptez-vous… ?	*Do you accept ...?*	dou you ak·*sèpt*
les cartes de crédit	*credit cards*	*krè*·dit kârdz
les chèques de voyage	*travellers cheques*	*trav*·leurs tchèks

Puis-je avoir…, s'il vous plaît ?	*Could I have ..., please?*	koud aï hav ... pliiz
ma monnaie	*my change*	maï tchènndj
un reçu	*a receipt*	eu ri·*siit*

C'est trop cher.
That's too expensive. — Zats *tou* èx·*pènn*·siv

Je vous en offre...

I'll give you ...	al giv you ...

Avez-vous quelque chose de moins cher ?

Do you have something cheaper?	do you hav somm·Sinng *tchii*·peur

Vêtements et chaussures

Je cherche...	*I'm looking for ...*	aïm *lou*·kinng for ...
un jean	*jeans*	*djiinns*
des chaussures	*shoes*	*chouz*
des sous-vêtements	*underwear*	*eunn*·deur·wèr

Puis-je essayer ?

Can I try it on?	kann aï traï it *onn*

SHOPPING

Hauts lieux du shopping

Londres est un véritable paradis pour les amateurs de shopping : vous y trouverez tout ce que vous cherchez. Pour profiter pleinement des atouts de la ville, optez pour les endroits suivants :

Charing Cross Rd – petites et grandes librairies
Covent Garden – chaussures et vêtements branchés • cosmétiques de luxe
High St Kensington – chaînes de magasins de vêtements • boutiques branchées • antiquaires
Hoxton, Shoreditch et Spitalfields – jeunes créateurs • mobilier classique • vêtements • bijoux • articles pour la maison • shopping aventureux
King's Rd – articles pour la maison • jouets • vêtements de créateurs et coupes de cheveux pour les enfants
Knightsbridge – Harrods • Harvey Nichols • Mulberry • Emporio Armani • Rigby and Peller (fournisseur de lingerie de la reine Élisabeth)

Je fais du...
My size is ... maï saïz iz ...

Ce n'est pas la bonne taille.
It doesn't fit. it *da*·zeunnt fit

C'est trop...	*It's too ...*	its *tou* ...
grand	*big*	big
serré	*tight*	taït
court	short	chort
grande taille	*large*	lârdj
petite taille	*small*	smol

Livres et musique

Y a-t-il un rayon de langue française ?
Is there a French-language section? iz Zèèr eu *frènnch-lèn·gouèïdj sek*·cheunn

Avez-vous...	*Do you have ...*	dou you hav ...
en français ?	*in French?*	inn *frènnch*
un roman de...	*a book by ...*	eu bouk baï ...
un guide des spectacles	*an entertainment guide*	eun ènn·teur·*téïnn*-mènnt gaïd
Je voudrais...	*I'd like a ...*	aïd laïk eu ...
un dictionnaire	*dictionary*	*dik*·cho·neu·ri
un plan de la ville	*city map*	*si*·ti map
une carte routière	*road map*	*rood* map
un journal (en français)	*newspaper (in French)*	*nyouz*·péï·peu (inn frènnch)
du papier	*paper*	*péï*·peu
un stylo	*pen*	pènn
une carte postale	*postcard*	*post*·kârd

Je voudrais…	*I'd like ...*	aïd laïk ...
un CD	*a CD*	eu sii·*dii*
un CD vierge	*a blank CD*	eu blank sii·*dii*
un casque	*headphones*	*hèd*·fonnz

Je cherche un CD de…
I'm looking for a CD by ... — aïm *lou·kinng* for eu sii·dii baï ...

Quel est son meilleur enregistrement ?
What's his/her best recording? m/f — wats hiz/heur bèst ri·*kor*·dinng

Puis-je l'écouter ici ?
Can I listen to it here? — kann aï *li*·seunn tou it hiir

Photographie

J'ai besoin d'une pellicule ... pour cet appareil.	*I need an/a... film for this camera.*	aï niid eun/eu... film for Zis *kam*·reu
APS	*APS*	éï·pii·ès
en noir et blanc	*B&W*	bii·ènn·*waï*
couleur	*colour*	*keu*·leur
(200) ASA	*(200) speed*	(tou *heun*·drèd) spiid

Pouvez-vous... ?	*Can you...?*	kann you...
développer cette pellicule	*develop this film*	di·*vè*·leup Zis film
charger ma pellicule	*load my film*	lood maï film

Combien coûte le développement de cette pellicule ?
How much is it to develop this film? — *hao* meutch iz it tou di·*vè*·lop Zis film

Quand sera-t-il prêt ?
When will it be ready? — *wènn* wil it bi *rè*·di

SORTIES
Au programme

Qu'est-ce qu'on joue... ?	*What's on ...?*	*wats onn*
dans le coin	*locally*	*lo*·keu·li
ce week-end	*this weekend*	Zis *wik*·ènnd
aujourd'hui	*today*	tou·*déï*
ce soir	*tonight*	tou·*naït*
Où sont les... ?	*Where are the ...?*	*wèr* âr Zeu ...
clubs	*clubs*	kleubz
discothèques	*discos*	*dis*·koz
boîtes gays	*gay venues*	géï *veu*·nyouz
restaurants	*places to eat*	*pléï*·siz tou iit
pubs	*pubs*	peubz
Y a-t-il un programme... ?	*Is there a local ... guide?*	iz Zèèr eu *leu*·keul ... gaïd
des spectacles	*entertainment*	eunn·tèr·*téïnn*·mènnt
des films	*film*	film
des concerts	*concert*	*konn*·seurt
Je voudrais aller...	*I'd like to go to...*	aïd laïk tou go tou...
au café	*a cafe*	eu *ka*·fè
au cinéma	*the cinema*	Zeu si·neu·*ma*
au restaurant	*a restaurant*	eu *rèst*·rant
au théâtre	*the theatre*	Zeu *Sii*·eu·teur
dans un bar	*a bar*	eu bâr
voir un ballet	*a ballet*	eu *ba*·léï
voir un concert	*a concert*	eu *konn*·seurt
en boîte	*a nightclub*	eu *naït*·kleub
à l'opéra	*the opera*	Zi *op*·ra

Rendez-vous

À quelle heure se retrouve-t-on ?
What time shall we meet? — *wat taïm* chal wi miit

Où se retrouve-t-on ?
Where will we meet? — *wèr* wil wi miit

Je viendrai te chercher (à 7h).
I'll pick you up (at 7). — al pik you *eup* at (sè·veunn)

Retrouvons-nous…	*Let's meet at ...*	lèts miit at ...
à (8h)	*(8 o'clock)*	(éït o·klok)
devant l'entrée	*the entrance*	Zi *ènn*·trans

Centres d'intérêt

Que fais-tu pendant tes loisirs ?
What do you do in your spare time? — wat dou you *dou* inn your *spéïr* taïm

Aimes-tu… ?	*Do you like ...?*	dou you laïk ...
J'aime...	*I like ...*	aï laïk ...
Je n'aime pas…	*I don't like ...*	aï *dont* laïk ...
danser	dancing	dann·sinng
cuisiner	cooking	*kou*·kinng
la randonnée	hiking	haï·kinng
la photographie	photography	fo·to·gra·fi
le jardinage	gardening	gâr·deu·ninng

Aimes-tu… ?	*Do you like to ...?*	dou you laïk tou ...
écouter de la musique	*listen to music*	li·*seunn* tou myou·zik
aller au concert	*go to concerts*	go tou *konn*·seurts
jouer d'un instrument	*play an instrument*	pléï eunn *inns*·treu·mènnt

SORTIES

RESTAURANT

petit-déjeuner	*breakfast*	*brèk*·feust
déjeuner	*lunch*	leunnch
dîner	*dinner*	*di*·neur
casse-croûte	*snack*	snak

Réservation

Où peut-on aller pour un repas de fête ?
Where would you go for a celebration? — wèr woud you *go* for eu *sè*·lè·bréï·chonn

Pouvez-vous me conseiller... ?	*Can you recommend a ...?*	kann you rè·ko·*mènnd* eu ...
un bar	*bar*	bâr
un restaurant	*restaurant*	*rès*·trant
Où peut-on aller pour... ?	*Where would you go for ...?*	wèr woud you *go* for ...
un repas bon marché	*a cheap meal*	eu tchiip miil
goûter des spécialités locales	*local specialities*	*leu*·keul spè·*chia*·li·tiz
Je voudrais..., s'il vous plaît.	*I'd like ..., please.*	aïd *laïk* ... pliiz
une table pour (5) personnes	*a table for (5)*	eu *téï*·beul for (faïv)
une table dans l'espace fumeur/ non-fumeur	*a table in the smoking/ non-smoking area*	eu *téï*·beul inn Zeu *smo*·kinng/ *nonn*·smo·kinng è·ri·eu

Quel restaurant choisir ?

À Londres, le secteur de la restauration a connu une véritable métamorphose au cours des dernières années. Londres est devenue une ville gastronomique, au point qu'aujourd'hui les restaurants concurrencent sérieusement les discothèques. Les établissements traditionnels sont toujours présents, côtoyant désormais les tout nouveaux lieux de restauration design. Ils garantissent aujourd'hui encore une expérience typiquement *british*... à ne pas manquer.

pub

L'endroit idéal pour découvrir l'âme profonde de Londres, grâce à des plats simples, copieux et traditionnels. Goûtez par exemple : les *bangers and mash* (saucisses purée et jus de viande), les différentes tourtes (*pie*), le *Shepherd's pie* (agneau émincé avec des oignons et de la purée de pommes de terre) ou le *ploughman's lunch* (le "repas du laboureur", une assiette composée d'épaisses tranches de pain, de chutney, d'oignons macérés au vin, de cheddar ou de fromage du Cheshire).

gastropub

Un nouveau venu sur la scène londonienne : les Britanniques désignent par ce terme un pub gastronomique, spécialisé dans la cuisine de qualité.

fish-and-chip shop

Cédez à la tentation du plus *british* des plats, le *fish and chips* : de la morue (rare de nos jours) ou de l'églefin frit, accompagnés de frites arrosées de vinaigre et saupoudrées de sel.

tearoom

L'heure du thé approche ? Allez savourer un *afternoon tea* dans l'un de ces établissements traditionnels. Au menu : un assortiment de sandwichs frais (concombre ou saumon fumé), des scones tout juste sortis du four avec de la crème et de la confiture, ainsi que diverses pâtisseries onctueuses. Le tout, naturellement, accompagné de litres de thé.

Commander

Que me conseillez-vous ?
What would you recommend? wat woud you rè·ko·*mènnd*

Je voudrais…, s'il vous plaît.	*I'd like ..., please.*	aïd *laïk* ... pliiz
l'addition	*the bill*	Zeu bil
la carte des vins	*the wine list*	Zeu *waïnn* list
une carte	*a menu*	eu *meu*·nyou
en français	*in French*	inn *frènch*
du sel	*salt*	soolt
du poivre	*pepper*	*pè*·peur
du poulet	*some chicken*	som *tchi*·keunn
Je l'aimerais...	*I'd like it ...*	aïd *laïk* it ...
à point	*medium*	*mi*·di·eum
saignant	*rare*	rèïr
bien cuit	*well-done*	wèl·*donn*
avec la sauce à part	*with the dressing on the side*	wiZ Zeu *drè*·sinng onn Zeu *saïd*

Boissons non alcoolisées

une tasse de…	*a cup of ...*	eu keup of ...
thé	*tea*	*tii*
café	*coffee*	*ko*·fi
café…	*coffee ...*	*ko*·fi
au lait	*with milk*	wiZ milk
sucré	*with sugar*	wiZ *chou*·geur
sans sucre	*without sugar*	wiZ·*aout chou*·geur
jus d'orange	*orange juice*	*o*·rindj djous
boisson sans alcool	*soft drink*	*soft* drink
eau (chaude)	*(hot) water*	(hot) *wo*·teur

eau minérale…	*... mineral water*	... *mi*·nè·reul *wo*·teur
gazeuse	*sparkling*	*spâr*·klinng
plate	*still*	stil

Boissons alcoolisées

bière	*beer*	biir
cognac	*brandy*	*bran*·di
champagne	*champagne*	chan·*péïnn*
cocktail	*cocktail*	*kook*·téïl

une bouteille de vin…	*a bottle of ... wine*	eu *bo*·teul of ... waïn
un verre de vin…	*a glass of ... wine*	eu *glas* of ... waïn
blanc	*white*	waït
rouge	*red*	rèd
mousseux	*sparkling*	*spâr*·klinng

un(e) ... de bière	*a ... of beer*	eu ... of biir
bouteille	*bottle*	*bo*·teul
verre	*glass*	glâs

un petit verre de...	*a shot of ...*	eu chot of ...
whisky	*whisky*	*wis*·ki
rhum	*rum*	reum

Au bar

J'aimerais (un gin).
I'll have (a gin). — al hav (eu *djiin*)

La même chose, s'il vous plaît.
Same again, please. — séïm eu·*géïn* pliiz

Je vous offre un verre ?
I'll buy you a drink. — al baï you eu *drink*

Qu'est-ce que vous prenez ?
What would you like? — *wat* woud you *laïk*

C'est ma tournée.
It's my round. — its maï *raond*

Santé !
Cheers! — tchiirz

Faire ses courses

Quelle est la spécialité locale ?
What's the local speciality? — wats Zeu leu·keul spè·*chia*·li·ti

Qu'est-ce que c'est ?
What's that? — wats *Zat*

Puis-je goûter ?
Can I taste it? — kann aï *téïst* it

Combien ?
How much? — *hao* meutch

Combien coûte un (kilo de fromage) ?
How much is a (kilo of cheese)? — *hao* meutch iz eu (ki·lo of t*chiiz*)

Je voudrais...	*I'd like ...*	aïd *laïk* ...
(200) grammes	*(200) grams*	(tou *heun*·drèd) gramz
(2) kilos	*(2) kilos*	(tou) *ki*·loz
(3) morceaux	*(3) pieces*	(Srii) *pii*·seuz
(6) tranches	*(6) slices*	(siks) *slaï*·seuz
un peu de cela	*some of that/ those* sg/pl	som of *Zat*/ *Zouz*

cuit(e)	*cooked*	coukt
sec/sèche	*dried*	draïd
frais/fraîche	*fresh*	frèch
surgelé(e)	*frozen*	*fro*·zeunn

Est-ce que vous avez... ?	*Do you have ...?*	dou you hav ...
quelque chose de moins cher	*anything cheaper*	*è*·ni·Sinng *tchii*·peur
autre chose	*other kinds*	*o*·Zeur kaïnndz

Allergies et régimes spéciaux

Y a-t-il un restaurant (végétarien) près d'ici ?

Is there a (vegetarian) restaurant near here? — iz *Zèèr* eu (vè·djè·*teu*·rieunn) *rèst*·rant niir hiir

Avez-vous des plats (végétariens) ?

Do you have (vegetarian) plates? — dou you hav (vè·djè·*teu*·rieunn) *plèïts*

Pouvez-vous préparer un repas sans... ?	*Could you prepare a meal without ...?*	koud you pri·*pèr* eu miil wiZ·aout
beurre	*butter*	*beu*·teur
œufs	*eggs*	ègz
bouillon de viande	*meat stock*	*miit* stok
viande	*meat*	*miit*

Je suis...	*I'm ...*	aïm ...
végétarien(ne)	*vegetarian*	vè·djè·*teu*·rieunn
végétalien(ne)	*vegan*	*vè*·gann
musulman(e)	*Muslim*	*meus*·lim

Je suis allergique...	*I'm allergic to ...*	aïm a·*leur*·djik tou ...
à la caféine	*caffeine*	*ka*·fiinn
aux produits laitiers	*dairy products*	*déï*·ri *pro*·deukts
aux œufs	*eggs*	ègs
au gluten	*gluten*	*glou*·teunn
aux noix	*walnuts*	*wol*·*neuts*
aux crustacés	*shellfish*	*chèl*·fich

Je ne mange/bois pas...
I don't eat/drink ... aï dont iit/drink ...

Pour un vocabulaire plus étendu sur les allergies, voir les chapitres **SÉCURITÉ ET SANTÉ**, p. 66, et **EN DÉTAILS**, p. 70.

Au menu

Amuse-gueule	*appetizers*	*a*·pi·taï·zeurz
Soupes	*soups*	soups
Entrées	*entrees*	an·*tréïz*
Salades	*salads*	*sa*·ladz
Plat principal	*main course*	mëinn *kours*
Desserts	*desserts*	di·*sœrts*
Apéritifs	*aperitifs*	eu·pè·reu·*tiifs*
Alcools forts	*spirits*	*spi*·rits
Bières	*beers*	biirz
Vins mousseux	*sparkling wines*	*spâr*·klinng waïnz
Vins blancs	*white wines*	*waït* waïnz
Vins rouges	*red wines*	*rèd* waïnz
Vins doux	*dessert wines*	di·*sœrt* waïnz

Reportez-vous également au **Lexique culinaire**, p. 34.

Lexique culinaire

almond	*âl*·mènd	amande
anchovy	*ènnt*·cho·vi	anchois
apple	*a*·peul	pomme
apricot	*éï*·pri·kot	abricot
artichoke	*âr*·ti·tchok	artichaut
asparagus	eu·*spa*·reu·geus	asperge
avocado	â·vo·*ka*·do	avocat
baby lamb	béï bi lamb	agneau de lait
bacon	*béï*·konn	bacon, lard
baked	*béï*·kd	cuit(e) au four
baked ham	béïkt ham	jambon chaud
banana	ba·*na*·na	banane
beef	biif	bœuf
corned beef	kornd biif	bœuf en conserve
beef roll	biif rol	sorte de boulette de bœuf et de jambon
beef Wellington	biif *wè*·ling·tonnn	filet de bœuf recouvert de champignons et de pâté de foie et cuit dans une pâte feuilletée
beetroot	*bi*·trout	betterave
blackberry	*blak*·bè·ri	mûre
blackcurrant	blak·*keu*·rènnt	cassis
brain	bréïnn	cervelle
broth	brooS	bouillon
cabbage	*ka*·bidj	chou
red cabbage	rèd *ka*·bidj	chou rouge
capsicum	*kap*·si·keum	poivron
carott	*ka*·rot	carotte
cauliflower	*ko*·li·fla·weur	chou-fleur

celery	*sè*·leu·ri	céleri
cheese	tchiiz	fromage
cottage cheese	*ko*·tèdj tchiiz	fromage frais, grumeleux et crémeux, légèrement salé
cream cheese	criim tchiiz	fromage blanc
cheesecake	*tchiiz*·kéïk	gâteau au fromage blanc
cherry	*tchè*·ri	cerise
chestnut	*tchès*·neut	châtaigne
chicken	*tchi*·keunn	poulet
chickpea	*chik*·pi	pois chiche
chutney	*cheut*·néï	condiment d'origine indienne à base de divers fruits et légumes confits dans du vinaigre et du sucre
clam	klam	clam
coconut	*ko*·keu·neut	noix de coco
cooked	koukt	cuit(e)
crayfish	*kréï*·fich	écrevisse
cucumber	*kyu*·kom·beur	concombre
cutlet	*kœt*·leut	côtelette
cuttlefish	*keu*·teul·fich	seiche
dill	dil	aneth
dry	draï	sec/sèche
duck	deuk	canard
eel	iil	anguille
eggplant	èg·*plant*	aubergine
fennel	*fè*·neul	fenouil
fig	fig	figue
fillet	fi·*lèt*	filet (viande ou poisson)
fish	fich	poisson
freshwater fish	*frèch*·wo·teur fich	poisson d'eau douce
saltwater fish	*solt*·wo·teur fich	poisson de mer

fowl	faol	volaille
French bean	frènch biin	haricot vert
frogs' legs	frogz lègz	cuisses de grenouille
game	gééïm	gibier
garlic	*gâr*·lik	ail
garnished	*gâr*·nicht	garni(e)
gherkin	*gœr*·kinn	cornichon
goose	gous	oie
gooseberry	*gouz*·bè·ri	groseille à maquereau
grape	gréïp	raisin
grapefruit	*grèp*·frout	pamplemousse
grilled	grild	grillé(e)
ham	ham	jambon
hare	hèr	lièvre
hazelnut	*héï*·zeul·neut	noix
home-made	*hom*·méïd	(fait) maison
hotchpotch	hatch·patch	soupe épaisse aux légumes, aux pommes de terre et à la viande
jelly	*djè*·li	gelée
Jerusalem artichoke	djè·*rou*·seu·leum *ar*·ti·tchok	topinambour
kidney	*kid*·nè	rognon
king prawn	kinng proon	gambas
lamb	lamb	agneau
leek	liik	poireau
leg	lèg	cuisse • gigot
lemon	*lè*·monn	citron
lemon curd	*lè*·monn kœrd	crème au citron servant à garnir des tartes ou à fourrer des gâteaux
lentil	*lènn*·teul	lentille

lettuce	*lè*·tyous	laitue
liver	*li*·veur	foie
lobster	*loob*·steur	homard • langouste
loin	loïn	longe
mackerel	*ma*·keu·reul	maquereau
marinated	*mè*·ri·néï·teud	mariné(e)
marmalade	*mar*·meu·léïd	confiture d'oranges ou de citrons
marrow	*ma*·roo	moelle
meat	miit	viande
mint	minnt	menthe
mixed grill	mikst gril	grillade
mushroom	*meuch*·roum	champignon
mussel	*meu*·seul	moule
mustard	*meus*·teurd	moutarde
nut	neut	noix (terme générique)
octopus	*ok*·teu·peus	poulpe
olive	*oo*·liv	olive
onion	*eu*·nieunn	oignon
orange	*o*·rèndj	orange
oyster	*oïs*·teur	huître
parsley	*pâr*·slè	persil
pasta	*pas*·ta	pâtes
pea	pii	petit pois
peach	piitch	pêche
peanut	*pi*·neut	cacahouète
pear	pèèr	poire
pecan pie	*peu*·kânn paï	tourte aux noix de pécan
pepper	*pè*·peur	poivre
pheasant	*fè*·zeunnt	faisan
pickle	*pi*·keul	fruits ou légumes marinés au vinaigre

pie	paï	tourte (salée ou sucrée)
pike	païk	brochet
pineapple	*païn*·a·peul	ananas
ploughman's lunch	*plao*·mannz leunnch	tranches de pain, chutney, oignons au vinaigre et fromage – le "repas du laboureur" est typique des pubs britanniques
plum	pleum	prune
plum pudding	pleum *pou*·dinng	gâteau de Noël – autre nom du *Christmas pudding*
poached	pootcht	poché(e)
pork	poork	porc
port	poort	porto
pot roast	pot roost	bœuf mijoté aux légumes
potato	peu·*téï*·to	pomme de terre
potted pork	*po*·teud poork	viande de porc séchée et cuite, puis réduite en purée
poultry	*pool*·trii	volaille
prawn	proon	grosse crevette
prawn cocktail	proon *kok*·téïl	salade de crevettes (sauce à la crème ou mayonnaise)
prime cut of beef	praïm keut of biif	onglet
prune	prououn	pruneau
pudding	*pou*·dinng	pudding • gâteau
black pudding	blak *pou*·dinng	boudin noir
Christmas pudding	*kris*·meus *pou*·dinng	gâteau de Noël, avec des raisins secs et des fruits confits, préparé traditionnellement un à deux mois à l'avance – aussi appelé *plum pudding*

puff pastry	peuf *pas*·tri	feuilleté
pumkin	*peum*·kinn	citrouille • potiron
puree	*pyou*·rè	coulis
quail	kwéïl	caille
rabbit	*ra*·bit	lapin
rack of lamb	rak of lamb	carré d'agneau
radish	*râ*·dich	radis
rare	réïr	saignant(e)
raspberry	*râz*·bè·ri	framboise
raw ham	roo ham	jambon cru
raw	roo	cru(e)
raw milk	roo milk	lait cru
rib steak/eye	rib stèk/aï	entrecôte • faux-filet
rice	raïs	riz
rice pudding	raïs *pou*·dinng	riz au lait
roast	roost	rôti
rosemary	*roz*·mè·ri	romarin
salmon	*sal*·monn	saumon
salt	solt	sel
sauerkraut	*sa*·weur·kraot	choucroute
sausage	*so*·sidj	saucisse
sauteed	*so*·tèd	sauté(e)
scallop	*skâ*·lop	coquille Saint-Jacques
scampi	*skam*·pi	langoustine
shellfish	*chèl*·fich	coquillage
shoulder	*choul*·deur	épaule
shrimp	chrimp	crevette
sirloin	*sœr*·loïn	contre-filet • faux-filet
sliced	slaïst	émincé • en tranches
smoked	smokt	fumé(e)
— *bacon*	smookt *béï*·konn	lard fumé
— *herring*	smookt *hè*·rinng	hareng fumé

snail	snéïl	escargot
snow pea	*snoo* pii	pois mange-tout
spinach	*spi*·nich	épinard
spiny lobster	*spaï*·ni *lob*·steur	langouste
sponge cake	*spondj* kéïk	biscuit à la cuillère • génoise
squid	skwid	calmar
steamed	stiimd	à la vapeur
stew	styou	ragoût
Irish stew	*aï*·rich styou	ragoût d'agneau et de pommes de terre
strawberry	*stro*·bè·ri	fraise
stuffed	steuft	farci(e)
suckling pig	*seuk*·linng pig	cochon de lait
suet	sou·èt	graisse (des rognons de bœuf et de mouton)
sugar	*chou*·gheur	sucre
sweet	swiit	doux/douce • sucré(e) • bonbon **(GB)**
sweet pepper	swiit pè·peur	poivron
syrup	*si*·reup	sirop
tarragon	*ta*·reu·gonn	estragon
tasting menu	*tès*·tinng *meu*·nyou	menu de dégustation
tea	tii	thé • repas du soir **(GB)**
tongue	tong	langue
tripe	traïp	tripes
trout	tra·out	truite
truffle	*treu*·feul	truffe
tuna	*tyou*·na	thon
turkey	*teur*·kéï	dinde
vanilla	*veu·ni·la*	vanille
veal	viil	veau

vegetable	*vèdj*·tè·beul	légume
venison	*veu*·ni·seunn	gibier
vinegar	*vi*·ni·geur	vinaigre
watermelon	*wo*·teur·mè·lonn	pastèque
wild duck	waïld deuk	canard
wine list	*waïnn* list	carte des vins
wild rabbit	waïld *ra*·bit	lapin de garenne
zucchini	zou·*ki*·ni	courgette (**USA**)

Les meilleurs casse-croûtes

Une petite faim en milieu de journée ? Voici de quoi reprendre des forces :

fish and chips fich annd tchips
une portion de poisson frit servie avec des frites

bangers and mash *ban*·geurs annd mach
saucisses, purée et jus de viande

ploughman's lunch *plao*·mannz leunnch
le "repas du laboureur" : une assiette composée d'épaisses tranches de pain, de chutney, d'oignons macérés au vinaigre – ou *pickles* – et de cheddar ou de fromage de Cheshire

steak-and-kidney pie stèk·annd·*kid*·nè paï
une tourte à la viande et aux rognons

doughnut *do*·neut
beignet sucré

likky pie *li*·ki paï
tourte feuilletée farcie de viande de porc, de poireau et de crème

cream tea criim tii
thé servi en fin d'après-midi avec des sandwichs ou des scones

sheperd's pie *shèp*·heurdz paï
ragoût d'agneau émincé avec des oignons et de la purée de pomme de terre

rice pudding raïs *pou*·dinng
riz au lait

SERVICES

Poste

Je voudrais envoyer…	*I want to send a …*	aï want tou sènnd eu …
un fax	*fax*	*faks*
une lettre	*letter*	*lè*·teur
un colis	*parcel*	*pâr*·seul
une carte postale	*postcard*	*post·kârd*
Je voudrais acheter…	*I want to buy …*	aï want tou baï …
une enveloppe	*an envelope*	eun *ènn*·veu·lop
un timbre	*a stamp*	eu stamp
Envoyez-le (en France)…, s'il vous plaît.	*Please send it (to France) by …*	pliiz sènnd it (tou *frans*) baï …
par avion	*airmail*	*èr*·méïl
en express	*express post*	eks·*près* post
en courrier ordinaire	*regular post*	*rè*·gou·lar post
par voie terrestre	*surface mail*	*seur*·féïs méïl

Banque

Où est … le plus proche ?	*Where's the nearest …?*	*wèr* Zeu nii·rèst…
le guichet automatique	*automatic teller machine*	o·to·*ma*·tik *tè*·leur ma·*chinn*
le bureau de change	*foreign exchange office*	*fo*·rëïn èx *tchènndj* ofis

À quelle heure ouvre la banque ?
What time does the bank open? wat taïm daz Zeu *bannk o*·peun

Je voudrais…	*I'd like to ...*	aïd laïk tou ...
Où puis-je… ?	*Where can I ...?*	*wèr* kann aï ...
faire un virement	*arrange a transfer*	eu·*rènndj* eu *trann*·sfèr
encaisser un chèque	*cash a cheque*	kach eu *tchèk*
changer des chèques de voyage	*change travellers cheques*	tchènndj *trav*·leurs tchèks
changer de l'argent	*change money*	tchènndj *mo*·nè
retirer de l'argent	*withdraw money*	*wiZ·dro mo·nè*
retirer de l'argent au guichet	*get a cash advance*	gèt eu·*kach* ad·*vans*

Quel(s) est/sont… ?	*What's the…?*	*wats* Zeu ...
les frais pour cela	*charge for that*	*tchardj*·for Zat
la commission	*commission*	*ko*·mi·cheun
le taux de change	*exchange rate*	*èx·tchenndj* rëït

Téléphone

Quel est votre numéro de téléphone ?
What's your phone number? wats your *fonn* neum·beur

Où est la cabine téléphonique la plus proche ?
Where's the nearest public phone? wèrz Zeu nii·rèst *peu*·blik fonn

Je voudrais acheter une carte téléphonique.
I'd like to buy a phone card. aïd laïk tou baï eu *fonn* kârd

Le numéro est…
The number is ... — Zeu neum·beur *iz* ...

Je veux téléphoner en PCV.
I want to make a reverse-charge call. — aï want tou méïk eu *ri*·veurs tchardj kool

Je veux téléphoner en France.
I want to call to France. — aï want tou *kool* tou frans

Quel est le prix… ?	*How much does ... cost?*	*hao* meutch daz ... *kost*
pour (3) minutes de communication	*a (3)-minute call*	eu (Srii)·mi·nut kool
par minute supplémentaire	*each extra minute*	itch *èk*·stra *mi*·nut

Téléphone portable

Combien ça coûte ?
What are the rates? — wat âr Zeu *réïts*

(30 cents) pour (30) secondes.
(30c) per (30) seconds. — (Seur·ti *sènnts*) peur (Seur·ti) *sè*·konnd

Je voudrais…	*I'd like ...*	aïd laïk ...
un adaptateur	*an adaptor plug*	eun a·*dap*·teur pleug
un chargeur pour mon portable	*a charger for my phone*	eu *tchar*·djeur for maï fonn
louer un portable	*a mobile/ cell phone for hire*	eu *mo*·baïl/ sèl fonn for *ha*·yeur
un portable prépayé	*a prepaid mobile/cell phone*	eu *pri*·pèd *mo*·baïl/sèl fonn
une carte SIM pour votre réseau	*a SIM card for the network*	eu *sim* kârd for Zeu *nèt*·woork

Internet

Où puis-je trouver un cybercafé ?
Where's the local Internet cafe? — wèrz Zeu lo·keul *Inn*·tèr·nèt *ka*·fé

Combien coûte… ?	*How much is it …?*	*hao* meutch *iz* it …
l'heure	*per hour*	peur *aou*·eur
la page	*per page*	peur *péïdj*

Est-ce que je peux graver un CD ?
Can I burn a CD? — kann aï bœrn eu *sii·dii*

Pourriez-vous me régler le paramètre langue sur "français" ?
Can you help me change to French-language preference? — kann you hèlp me *tchèndg* tou frènnch lan·gouidj *prè*·fè·rènns

C'est tombé en panne.
It's crashed. — its *kracht*

Je voudrais…	*I'd like to …*	aïd laïk tou …
consulter mes e-mails	*check my email*	tchèk maï *i*·méïl
me connecter à Internet	*get Internet access*	gèt *inn*·tèr·nèt *ak*·sès
utiliser une imprimante	*use a printer*	youz eu *prinn*·teur
utiliser un scanner	*use a scanner*	youz eu *ska*·nèr

Avez-vous… ?	*Do you have …?*	dou you hav …
un PC	*PCs*	*pi*·siz
un Mac	*Macs*	*maks*
un lecteur Zip	*a Zip drive*	eu *zip* draïv
une adresse e-mail	*an address email*	eun eu·*drès i*·méïl
un site Internet	*an Internet site*	eun *inn*·teur·net saït
un CD vierge	*a blank CD*	eu blank sii·*dii*

TRANSPORTS
Orientation

Où se trouve… ?	*Where's ...?*	wèrz...
Je cherche…	*I'm looking for a ...*	aïm *lou*·kinng for eu...
une banque	*bank*	bannk
un hôtel	*hotel*	ho·*tèll*
un commissariat	*police station*	*polis* stéï·cheunn

Pouvez-vous m'indiquer (sur la carte) ?
Can you show me (on the map)? — kann you *choo* mi (onn Zeu *map*)

Quelle est l'adresse ?
What's the address? — wats Zi a·*drès*

Comment dois-je faire pour y aller ?
How do I get there? — hao dou aï *gèt* Zèèr

C'est loin ?
How far is it? — hao *fâr* iz it

C'est…	*It's ...*	its ...
derrière…	*behind ...*	bi·*haïnd* ...
à côté de…	*beside ...*	bi·*saïd* ...
loin d'ici	*far away*	fâr eu·*wéï*
ici	*here*	hiir
devant…	*in front of ...*	inn front of ...
à gauche	*left*	lèft
près d'ici	*near here*	niir hiir
au coin	*on the corner*	onn Zeu *koor*·neur
en face de…	*opposite ...*	*o*·po·zit...
à droite	*right*	raït
tout droit	*straight ahead*	stréït *a*·hèd
là	*there*	Zèèr

C'est à…	*It's ...*	its ...
(10) minutes	*(10) minutes*	(*tèn*) mi·neuts
(100) mètres	*(100) metres*	(wann heunn·drèd) mi·teurs
Tournez…	*Turn ...*	teurn ...
au coin	*at the corner*	at Zeu *koor*·neur
aux feux	*at the traffic lights*	at Zeu *tra*·fik laïts
à gauche	*left*	lèft
à droite	*right*	raït
en bateau	*by boat*	baï boot
en bus	*by bus*	baï beus
à pied	*on foot*	onn fout
en tramway	*by tram*	baï tram
en taxi	*by taxi*	baï *tak*·si
en train	*by train*	baï tréïnn
en métro	*by underground*	baï *eunn*·deur·graond
en avion	*by plane*	baï pléïn
nord	*north*	noorS
sud	*south*	saouS
est	*east*	iist
ouest	*west*	wèst

Circuler

À quelle heure part… ?	*What time does the ... leave?*	wat *taïm* daz Zeu ... liiv
le bateau	*boat*	boot
le bus	*bus*	beus
l'avion	*plane*	pléïn
le train	*train*	tréïn
le tramway	*tram*	tram

À quelle heure passe le … bus ?	*What time's the ... bus?*	wat taïmz Zeu ... *beus*
premier	*first*	fœrst
dernier	*last*	last
prochain	*next*	nèkst

Est-ce que cette place est libre ?
Is this seat taken? iz Zis siit *téï*·keunn

Combien d'arrêts y a-t-il jusqu'à… ?
How many stops to… ? hao mè·ni *stops* tou…

C'est ma place.
That's my seat. Zats maï *siit*

Pouvez-vous me dire quand nous arrivons à… ?
Can you tell me when we get to ...? kann you *tèl* mi wènn wi gèt tou ...

Je veux descendre…	*I want to get off ...*	aï want tou gèt *of* ...
à (York)	*at (York)*	at (yoork)
ici	*here*	hiir
au prochain arrêt	*at the next stop*	at Zeu *nèkst* stop
au dernier arrêt	*at the last stop*	at Zeu *last* stop

Billets et bagages

Où peut-on acheter un billet ?
Where can I buy a ticket? wèr kann aï baï eu *ti*·kèt

Faut-il réserver ?
Do I need to book? dou aï niid tou *bouk*

Combien de temps dure le trajet ?
How long does the trip take? hao lonng daz Zeu *trip* téïk

TRANSPORTS

Combien ça coûte ?	*How much is it?*	hao *meutch* iz it
C'est complet.	*It's full.*	its *foul*
Je voudrais ... mon billet, s'il vous plaît.	*I'd like to ... my ticket, please.*	aïd laïk tou ... maï ti·kèt pliiz
annuler	*cancel*	*kan*·sèl
changer	*change*	tchenndj
confirmer	*confirm*	kon·*fœrm*
Un billet ... (pour Londres), s'il vous plaît.	*One ... ticket (to London), please.*	wann ... *ti*·kèt (tou *lonn*·donn) pliiz
de train	*train*	tréïnn
de bus	*bus*	beus
d'avion	*plane*	pléïn
1re classe	*1st-class*	fœrst *klas*
2de classe	*2nd-class*	*sè*·konnd *klas*
enfant	*child's*	tchaïldz
aller simple	*one-way*	wann wéï
aller-retour	*return*	ri·*teurn*
étudiant	*student's*	*stu*·dènnts
Je voudrais une place...	*I'd like ... seat.*	aïd laïk ... siit
côté couloir	*an aisle*	eun aïl
côté fenêtre	*a window*	eu *winn*·deo
fumeur	*a smoking*	eu *smo*·kinng
non-fumeurs	*a non-smoking*	eu nonn *smo*·kinng

Y a-t-il la climatisation ?
Is there air-conditioning? — iz Zèèr *èr*·konn·di·cho·ninng

Y a-t-il des toilettes ?
Is there a loo (GB)/bathroom (USA)? — iz Zèèr eu lou/baSroum

Est-ce direct ?
Is it a direct route? — iz it eu daï·rèkt *rouout*

À quelle heure a lieu l'enregistrement ?

What time do I have to check in? — wat *taïm* dou aï hav tou tchèk inn

Où récupère-t-on les bagages ?

Where's the luggage claim? — wèr Zeu *leu*·géïdj kléïm

Pourrais-je avoir un ticket stand-by ?

Can I get a stand-by ticket? — kann *aï* gèt eu *stand baï ti*·kèt

Mes bagages ne sont pas arrivés.

My luggage hasn't arrived. — maï *leu*·géïdj ha·zeunnt eu·*raïvd*

Je voudrais une consigne automatique.

I'd like a luggage locker. — aïd laïk eu *leu*·géïdj lo·keur

Puis-je avoir des pièces/jetons ?

Can I have some coins/tokens? — kann aï hav som *coïnnz/to*·keunnz

Mes bagages ont été…	*My luggage has been ...*	maï *leu*·géïdj haz biin ...
endommagés	*damaged*	*da*·mèdjd
perdus	*lost*	lost
volés	*stolen*	*sto*·leunn

Bus, métro, taxi et train

Quel bus va à... ?

Which bus goes to ...? — witch *beus* goz tou ...

Quelle gare est-ce ?

What station is this? — wat *stéï*·chonn iz Zis

Quelle est la prochaine gare ?
What's the next station? — wats Zeu nèkst *stéï*·chonn

Ce train s'arrête-t-il à (Brighton) ?
Does this train stop at (Brighton)? — daz Zis trëïn stop at (*braï*·tonn)

Dois-je prendre une correspondance ?
Do I need to change trains? — dou aï niid tou tchenndg *tréinz*

Quelle voiture est-ce pour (Manchester) ?
Which carriage is for (Manchester)? — witch *ka*·ridj iz for (*man*·tchès·teur)

De quel quai part-il ?
Which platform does it depart from? — witch *plat*·form daz it di·*paart* from

Où est le wagon-restaurant ?
Which is the dining car? — witch iz Zeu *daï*·ninng kâr

Où est la station de taxis ?
Where's the taxi stand? — wèrz Zeu t*ak*·si stand

Je voudrais un taxi…	*I'd like a taxi ...*	aïd laïk eu tak·si ...
maintenant	*now*	*nao*
pour (9h)	*at (9 o'clock)*	at (naïnn *o*·*klok*)
pour demain	*tomorrow*	tou·*mo*·ro
pour aller à la gare	*to go to the station*	tou·*go* tou Zeu *stéï*·cheunn

Êtes-vous libre ?
Is this taxi free? — iz Zis *tak*·si *frii*

Pourriez-vous mettre le compteur ?
Please put the meter on. — pliiz pout Zeu *mi*·teur onn

Combien est-ce pour aller à (Times Square) ?
How much is it to (Times Square)? — *hao* meutch iz it tou (taïmz *skwèr*)

Veuillez me conduire à (cette adresse).
Please take me to (this address). pliiz téïk mi tou (Zis eu·*drès*)

Je suis très en retard.
I'm really late. aïm *rii*·li léït

Pourriez-vous ralentir, s'il vous plaît ?
Please, slow down. pliiz sloow *daonn*

Veuillez attendre ici.
Please, wait here. pliiz wéït hiir

Arrêtez-vous...	*Stop ...*	stop ...
ici	*here*	hiir
au coin de la rue	*at the corner*	at Zeu *koor*·neur

Location de véhicules

Je voudrais louer...	*I'd like to hire ...*	aïd laïk tou haï·eur ...
une (petite/grosse) voiture	*a (small/large) car*	eu (smool/lârdj) kâr
une manuelle	*a manual*	eu *ma*·nou·eul
une moto	*a motorbike*	eu *mo*·to·baïk
un 4x4	*a 4 jeep*	eu *djiip*

avec...	*with ...*	wiZ ...
la climatisation	*air conditioning*	*èr*·konn·di·cho·niing
chauffeur	*a driver*	eu *draï*·veur

Quel est le prix par... ?	*How much for ... hire?*	*hao* meutch for ... haï·eur
jour	*daily*	*déï*·ly
heure	*hourly*	*aour*·li
semaine	*weekly*	*wik*·li

TRANSPORTS

Est-ce que ... est inclus(e) ?	*Does that include ...?*	daz Zat inn·*kloud* ...
le kilométrage	*mileage*	*maï*·lidj
l'assurance	*insurance*	inn·*chour*·ranns

Quelle est la vitesse maximale autorisée ?
What's the speed limit? wats Zeu *spiid* li·mit

Est-ce la route pour... ?
Is this the road to ...? *iz* Zis Zeu rood tou ...

Où puis-je trouver une station-service ?
Where's a petrol station? wèrz eu *pè*·trol stéï·chonn

(Combien de temps) Puis-je me garer ici ?
(How long) Can I park here? (*hao* long) kann aï *pârk* hiir

Le plein, s'il vous plaît.
Please fill it up. pliiz fil it eup

diesel	*diesel*	*dii*·zeul
essence	*petrol* **(GB)**/*gas* **(USA)**	*pè*·trol/gas
ordinaire	*regular*	*rè*·gu·leur
au plomb	*leaded*	*lè*·did
sans plomb	*unleaded*	*eunn*·lè·did

Signalisation routière

Cédez la priorité	giv *wéï*	*Give Way*
Entrée	*ènn*·trans	*Entrance*
Péage	tol	*Toll*
Sens interdit	no *ènn*·tri	*No Entry*
Sens unique	wann wéï	*One-way*
Sortie	*ek*·zit	*Exit*
Stop	stop	*Stop*

HÉBERGEMENT

Trouver un hébergement

Où puis-je trouver… ?	*Where's a ...?*	wèrz eu ...
une pension	*bed and breakfast*	bèd ènnd *brèk*·feust
un terrain de camping	*camping ground*	*kam*·pinng graond
une chambre d'hôtes	*guesthouse*	*gèst*·haouz
un hôtel	*hotel*	ho·*tèl*
une auberge de jeunesse	*youth hostel*	*youS* hos·tèl

Pouvez-vous me conseiller un endroit... ?	*Can you recommend somewhere ...?*	kan you rè·ko·*mènnd* so·meu·*wèèr* ...
bon marché	*cheap*	tchiip
près d'ici	*nearby*	*niir*·baï
romantique	*romantic*	ro·*man*·tik
agréable	*nice*	naïs
propre	*clean*	klin
exceptionnel	*unique*	you·*nik*

Quelle est l'adresse ?
What's the address? — wats Zi ad·*rès*

Comment faire pour y aller ?
How do I get there? — hao dou aï *gèt* Zèèr

C'est loin ?
How far is it? — hao *fâr* iz it

Pour répondre à ces questions, voir le chapitre **TRANSPORTS**, p. 46.

Réservation

Je voudrais réserver une chambre, s'il vous plaît.
I'd like to book a room, please. — aïd laïk tou bouk eu *roum* pliiz

J'ai une réservation.
I have a reservation. — aï hav eu rè·zèr·*véï*·cheunn

Mon nom est…
My name is … — *maï* néïm iz …

Avez-vous une chambre… ?	Do you have a … room?	dou you hav eu … roum
double	*double*	*deubl*
simple	*single*	*sinng*·eul
avec lits jumeaux	*twin*	*twinn*

Quel est le prix par… ?	How much is it per …?	*hao* meutch iz it peur …
chambre	*room*	roum
nuit	*night*	naït
personne	*person*	*peur*·sonn
semaine	*week*	*wiik*

Je voudrais rester (2) nuits.
I'd like to stay for (two) nights. — aïd laïk tou stéï for (*tou*) naïts

Du (2 juillet) au (6 juillet).
From (July 2) to (July 6). — from (Zeu *sè*·kond of djou·*laï*) tou (Zeu *siks* of djou·*laï*)

Nous sommes (3).
There are (three) of us. — Zèr âr (*Srii*) of eus

Puis-je la voir?
Can I see it? — kann aï *sii* it

Est-ce qu'il faut payer d'avance ?
Do I need to pay upfront? — dou aï niid tou péï eup·*front*

Acceptez-vous… ?	*Can I pay by ...?*	kann aï péï baï ...
les cartes de crédit	*credit card*	*krè*·dit kârd
les chèques de voyage	*travellers cheques*	*trav*·leurs tchèks

Renseignements

Quand/Où est servi le petit-déjeuner ?
When/Where is breakfast served? — wèn/wèr iz *brèk*·feust seur·vd

Réveillez-moi à (7)h, s'il vous plaît.
Please wake me at (7). — pliiz wéïk mi at (sè·veunn)

Puis-je utiliser… ?	*Can I use the ...?*	kann aï youz Zeu
la cuisine	*kitchen*	*kit*·cheunn
la blanchisserie	*laundry*	*lonn*·dri
le téléphone	*telephone*	*tè*·lè·fonn

Y a-t-il… ?	*Do you have a/an...?*	dou *you* hav eu/eun ...
un ascenseur	*lift* **(GB)**/ *elevator* **(USA)**	lift/ è·lè·*véï*·teur
un service de blanchisserie	*laundry service*	*lonn*·dri *seur*·vis
un tableau des messages	*message board*	*mè*·sèdj boord
un coffre-fort	*safe*	séïf
une piscine	*swimming pool*	*swi*·minng poul

Changez-vous de l'argent ?
Do you change money here? — dou you tchanndj *mo*·nè hiir

Proposez-vous des excursions ?
Do you arrange tours here? — dou you eu·rènndj *touourz* hiir

Puis-je laisser un message ?
Can I leave a message for someone? — kann aï liiv eu *mè*·sèdj for somm·wann

Est-ce que j'ai un message ?
Is there a message for me? — iz Zèr eu *mè*·sèdj for mi

J'ai laissé ma clé à l'intérieur de la chambre.
I'm locked out of my room. — aïm lokt aout of maï *roum*

La porte (de la salle de bains) est fermée.
The (bathroom) door is locked. — Zeu (*ba*S·roum) door iz lokt

C'est trop…	*It's too ...*	its *tou*...
froid	*cold*	kold
sombre	*dark*	dârk
cher	*expensive*	eks·*pènn*·siv
bruyant	*noisy*	*noï*·zi
petit	*small*	smool

Puis-je avoir un(e) autre… ?	*Can I get another ...?*	kann *aï* gèt eu·no·Zeur...
Ce/Cette … n'est pas propre.	*This ... isn't clean.*	Zis ... iz·eunnt kliin
couverture	*blanket*	*blan*·kèt
drap	*sheet*	chiit
serviette	*towel*	*tao*·wèl

La/le(s) ... ne fonctionne(nt) pas.	*The ... doesn't work.*	Zeu ... da·zeunnt woork
climatisation	*air-conditioning*	*èr* kon·*di*·cheunn·inng
ventilateur	*fan*	fann
toilettes	*loo* **(GB)**/ *bathroom* **(USA)**	lou/ *ba*S·roum
fenêtre	*window*	*winn*·doo

Quitter les lieux

À quelle heure faut-il quitter la chambre ?
What time is checkout? wat taïm iz *tchèk·aout*

Puis-je partir plus tard ?
Can I have a late checkout? kann aï hav eu *léït* tchèk·aout

Puis-je laisser mes bagages jusqu'à… ?	*Can I leave my luggage here until ...?*	kann aï liiv maï *leu·gèdj* hiir eunn·*til* ...
ce soir	*tonight*	tou·*naït*
mercredi	*Wednesday*	*wènn*·sdéï
demain	*tomorrow*	tou·*mo*·ro
la semaine prochaine	*next week*	nèk·st wiik

Pourrais-je récupérer…, s'il vous plaît ?	*Could I have my..., please?*	koud aï hav maï ... pliiz
ma caution	*deposit*	*dè* po·zit
mon passeport	*passport*	*pas*·poort
mes objets de valeur	*valuables*	*va*·lou·éï·beulz

Je reviens…	*I'll be back ...*	al bi bak ...
dans (3) jours	*in (three) days*	inn (*Srii*) déïz
(mardi)	*on (Tuesday)*	onn (*tyous*·déï)

J'ai passé un agréable séjour, merci.
I had a great stay, thank you. aï had eu *grèt* stéï Sank you

Je le recommanderai à mes amis.
I'll recommend it to my friends. al rè·ko·*mènnd* it tou maï frènndz

AFFAIRES
Présentations

Je participe à un(e)…	*I'm attending a …*	aïm a·*tenn*·dinng eu …
Où se tient la… ?	*Where's the …?*	wèrz Zeu…
conférence	*conference*	*konn*·fè·rènns
formation	*course*	*kouours*
réunion	*meeting*	*mii*·tinng
foire	*trade fair*	tréïd *fèr*
Je suis avec…	*I'm with …*	aïm wiZ …
l'ONU	*the UN*	Zi you·*ènn*
mon/mes collègue(s)	*my colleague(s)*	maï *ko*·liig(z)
(2) autres personnes	*(two) other people*	(too) o·Zeur *pi*·peul
des journalistes	*journalists*	djeur·neu·lists

Voici ma carte.
Here's my business card. — hiirz maï *biz*·nès kârd

Je vous présente mon/ma collègue.
I'd like to introduce you to my collegue. — aïd laïk tou inn·tro·*dyous* you tou maï *ko*·liig

Je suis seul(e).
I'm alone. — aïm a·*lonn*

Je loge à…, chambre…
I'm staying at …, room … — aïm stéï·inng at … roum…

Je suis ici pour (2) jours/semaines.
I'm here for (two) days/weeks. — aïm hiir for (tou) *déïz*/*wiiks*

Je suis ici pour la réunion.
I'm here for the meeting. — aïm hiir for Zeu *mii*·tinng

Affaire en cours

J'ai rendez-vous avec…
I have an appointment with ... aï hav eun a·*poïnnt*·ment wiZ ...

J'attends un fax/appel.
I'm expecting a fax/call. aïm èk·*spèc*·tinng eu faks/kool

J'ai besoin d'un interprète.
I need an interpreter. aï niid eun inn·*tèr*·prè·teur

Je voudrais…	*I'd like ...*	aïd laïk ...
(d'autres) cartes de visite	*(more) business cards*	(moor) *biz*·nès kardz
me connecter à Internet	*a connection to the internet*	eu ko·*nek*·cheun tou Zi *inn*·teur·nèt
utiliser un ordinateur	*to use a computer*	tou·youz eu komm·*pyou*·teur

Y a-t-il… ?	*Is there a/an ...?*	iz Zèèr eu/eun...
un vidéo-projecteur	*data projector*	*da*·ta pro·*djèk*·teur
un pointeur laser	*laser pointer*	*léï*·zeur poïnn·teur
un rétro-projecteur	*overhead projector*	*o*·veur·hèd *pro*·djèk·teur

Affaire conclue

Ça s'est très bien passé.
That went very well. Zat wennt vè·ri *wèl*

On prend un verre ?
Shall we go for a drink? chal wi go for eu *drinnk*

On va manger ?
Shall we go for a meal? chal wi go for eu *miil*

Je vous invite.
It's on me. its onn *mi*

SÉCURITÉ ET SANTÉ

Urgences

Au secours !	*Help!*	hèlp
Arrêtez !	*Stop!*	stop
Allez-vous-en !	*Go away!*	go eu·*wéï*
Au voleur !	*Stop thief!*	stop Siif
Au feu !	*Fire!*	*faï*·eur
Faites attention !	*Watch out!*	watch *a·out*

Appelez… !	*Call…!*	kool…
une ambulance	*an ambulance*	eunn *èm·byu·lènns*
un médecin	*a doctor*	eu *dok·teur*
la police	*the police*	Zeu *peu·liis*

C'est urgent !
It's an emergency! — its eunn è·*meur*·djèn·si

Est-ce que vous pourriez m'aider, s'il vous plaît ?
Could you help me, please? — coud you *hèlp* mi pliiz

Pourrais-je utiliser le téléphone ?
Could I use the telephone? — coud aï youz Zeu *tè·lè*·fonn

Je suis perdu(e).
I'm lost. — aïm lost

Où est/sont… ?	*Where is… ?*	wèr iz…
les toilettes	*the loo/bathtroom*	Zeu *lou/ba·Sroum*
le commissariat de police	*the police station*	Zeu peu·*liis stéï*·cheunn
l'hôpital	*the hospital*	Zi *hos·pi·teul*
la sortie	*the exit*	Zi *èg·zit*

Laissez-moi tranquille !
Leave me alone! — *liiv* mi eu·*lonn*

SÉCURITÉ

Police

Où est le commissariat ?
Where's the police station? — wèr Zeu po·*lis stéï*·chonn

Je veux signaler un délit.
I want to report a crime. — aï want tou ri·poort eu craïm

J'ai été violé(e).
I've been raped. — aïv biin *réïpt*

J'ai été agressé(e).
I've been assaulted. — aïv biin eu·*sol*·teud

Il/Elle a été agressé(e).
He/She's been assaulted. — hiz/chiz biin eu·*sol*·teud

On m'a volé.
I've been robbed. — aïv biin *robd*

Je souhaite contacter mon ambassade/consulat.
I want to contact my embassy/consulate. — aï want tou *kon*·takt maï *èm*·ba·si/*konn*·su·léït

J'ai perdu…	*I've lost my …*	aïv lost maï …
On m'a volé…	*My … was/were stolen.* sg/pl	maï … woz/weur *sto*·leunn
mon argent	*money*	*mo*·néï
mes bagages	*bags*	bagz
mon passeport	*passport*	*pas*·poort
mon portefeuille	*wallet*	*wo*·lèt
mon sac à dos	*backpack*	*bak*·pak
mon sac à main	*handbag*	*hand*·bag
ma carte de crédit	*credit card*	*krè*·dit *kârd*
mes chèques de voyage	*travellers cheques*	*trav*·leurz tchèks

SÉCURITÉ

J'ai une assurance.
I have insurance. aï *hav* in·*chou*·rènns

Puis-je avoir un reçu pour mon assurance ?
Can I have a receipt for my insurance? kann aï *hav* eu ri·*siit* for maï in·*chou*·rènns

J'ai une ordonnance pour ce médicament.
I have a prescription for this drug. aï hav eu près·*krip*·chonn for Zis dreug

Santé

Y a-t-il un(e)… par ici ?	*Where's a nearby ...?*	*wèrz* eu niir·baï ...
pharmacie (de nuit)	*(night) chemist*	(naït) *kè*·mist
dentiste	*dentist*	*dènn*·tist
médecin	*doctor*	*dok*·teur
hôpital	*hospital*	*hos*·pi·teul
centre médical	*medical centre*	*mè*·di·keul *sènn*·teur
ophtalmologue	*optometrist*	op·to·*mè*·trist
gynécologue	*gynaecologist*	gaï·neu·*ko*·lo·djist

J'ai besoin d'un médecin (qui parle français).
I need a doctor (who speaks French). aï niid eu *dok*·teur (hou spiiks frènch)

Puis-je voir un médecin femme ?
Could I see a female doctor? coud aï sii eu *fi*·méïl dok·teur

Est-ce que le médecin peut venir ici ?
Can the doctor come here? kann Zeu dok·teur kom *hiir*

Je n'ai plus de médicaments.
I've run out of my medication. — aïv reun a·*out* of maï *mè*·di·kéï·chonn

Mon ordonnance indique…
My prescription is ... — maï près·*krip*·chonn iz ...

Je me suis fait vacciner contre…	*I've been vaccinated for ...*	aïv biin *vak*·si·néï·teud for ...
l'hépatite	*hepatitis*	hè·pa·*taï*·tis
le tétanos	*tetanus*	*tèt*·neus
la typhoïde	*typhoid*	*taï*·foïd
Il me faut de nouvelles…	*I need new ...*	aï niid nyou ...
lentilles de contact	*contact lenses*	*kon*·takt *lènn*·zeuz
lunettes	*glasses*	*gla*·seuz

Condition physique et allergies

Je suis malade.
I'm sick. — aïm sik

Mon ami(e) est malade.
My friend is sick. — maï *frènnd* iz sik

J'ai été blessé(e).
I've been injured. — aïv biin *inn*·djeurd

J'ai mal ici.
It hurts here. — it heurts *hiir*

J'ai vomi.
I've been vomiting. — aïv biin *vo*·mi·tinng

Je n'arrive pas à dormir.
I can't sleep. aï *kant* sliip

Je suis/me sens...	*I feel ...*	aï fiil ...
angoissé(e)	*anxious*	*ank*·cheus
faible	*weak*	wiik
mieux	*better*	*bè*·teur
plus mal	*worse*	woors
J'ai...	*I feel ...*	aï fiil ...
des vertiges	*dizzy*	*di*·zi
chaud et froid	*hot and cold*	hot annd koold
des nausées	*nauseous*	*noo*·zi·eus
des frissons	*shivery*	*chi*·veu·ri
J'ai/Je fais...	*I have ...*	aï hav ...
une allergie	*an allergy*	eun *a*·leur·dji
la diarrhée	*diarrhoea*	daï·a·*ri*·a
mal à la tête	*a headache*	eu *hè*·dèk
mal à la gorge	*a sore throat*	eu *sor* Sroot
une bronchite	*a bronchitis*	eu bron·*kaï*·tis
du diabète	*diabetes*	daï·a·*bi*·teus
une maladie vénérienne	*a venereal disease*	eu vè·*nè*·ri·eul di·*ziiz*
de l'asthme	*asthma*	*aZ*·meu
un rhume	*a cold*	a kold
de la fièvre	*fever*	*fi*·veur
un problème cardiaque	*a heart condition*	eu hârt *konn*·di·cheunn

Mon/Ma ... est enflé(e).
My ... is swollen. maï ... iz swo·leunn

Je n'arrive pas à bouger mon/ma...
I can't move my ... aï *kant* mouv maï ...

J'ai eu récemment…
I've recently had ... — aïv *ri*·sènnt·li had ...

Je prends des médicaments contre…
I'm on medication for ... — aïm onn *mé*·di·kéï·chonn for ...

J'ai besoin d'un médicament pour…
I need something for ... — aï niid *som*·Sinng for ...

Est-ce qu'il faut une ordonnance pour… ?
Do I need a prescription for ...? — dou aï niid eu près·*krip*·chonn for ...

Combien de fois par jour ?
How many times a day? — hao mè·ni *taïmz* eu déï

(Je pense que) Je suis enceinte.
(I think that) I'm pregnant. — (aï Sink) aïm *prèg*·nant

Je prends la pilule.
I'm on the Pill. — aïm onn Zeu *pil*

J'ai remarqué une grosseur ici.
I've noticed a lump here. — aïv no·tist eu *leump* hiir

Je suis allergique…	*I'm allergic to ...*	aïm a·*leur*·djik tou
aux antibiotiques	*antibiotics*	an·ti·baï·*o*·tiks
aux anti-inflammatoires	*anti-inflammatories*	an·ti·inn·fla·meu·*teu*·riz
à l'aspirine	*aspirin*	*as*·pi·rinn
aux abeilles	*bees*	biiz
à la codéine	*codeine*	*ko*·dè·inn

J'ai une allergie cutanée.
I have a skin allergy. — aï hav eu *skinn a*·leur·dji

Pour les allergies alimentaires, voir **Allergies et régimes spéciaux**, p. 32.

Chiffres

0	*zero*	*zi*·ro
1	*one*	wann
2	*two*	tou
3	*three*	Srii
4	*four*	foor
5	*five*	faïv
6	*six*	six
7	*seven*	*sè*·veunn
8	*eight*	eït
9	*nine*	naïnn
10	*ten*	tèn
11	*eleven*	*ilè*·veunn
12	*twelve*	twèlv
13	*thirteen*	*Sœr*·tiinn
14	*fourteen*	*foor*·tiinn
15	*fifteen*	*fif*·tiinn
16	*sixteen*	*six*·tiin
17	*seventeen*	*sè*·veunn·tiin
18	*eighteen*	*eït*·tiin
19	*nineteen*	*naïnn*·tiin
20	*twenty*	*twènn*·ti
21	*twenty-one*	twènn·ti·*wann*
22	*twenty-two*	twènn·ti·*tou*
30	*thirty*	*Sœr*·ti
40	*forty*	*foor*·ti
50	*fifty*	*fif*·ti
60	*sixty*	*six*·ti
70	*seventy*	*sè*·veunn·ti
71	*seventy-one*	*sè*·veunn·ti *wann*
72	*seventy-two*	*sè*·veunn·ti tou
73	*seventy-three*	*sè*·veunn·ti Srii
74	*seventy-four*	*sè*·veunn·ti foor
80	*eighty*	*eït*·ti
90	*ninety*	*naïnn*·ti
100	*hundred*	*heunn*·drèd
1 000	*thousand*	*Saou*·Zannd
1 000 000	*one million*	*wann* mil·ionn

Couleurs

noir(e)	*black*	blak
bleu(e)	*blue*	blouou
brun(e)	*brown*	brawnn
vert(e)	*green*	griin
orange	*orange*	*o*·rènndj
rose	*pink*	pink
rose	*pink*	pink
violet(te)	*purple*	*peur*·peul
rouge	*red*	rèd
blanc/ blanche	*white*	waït
jaune	*yellow*	*yè*·loo

Quelle heure est-il ?	*What time is it?*	wat *täim* iz it
Il est 10h.	*It's 10 o'clock (am/pm).*	its (tènn) o·k*lok* (èï·èm/pi·èm)
Il est 13h.	*It's 1 o'clock (pm).*	its (wann) o·k*lok* (pi·èm)
14h15	*quarter past 2 (pm)*	*kwâr*·teur past *tou* (pi·èm)
9h20	*twenty past 9 (am)*	twènn·ti past *naïnn* (èï·èm)
12h30	*half past 12 (pm)*	hâf past *twèlv* (pi·èm)
1 heure moins vingt	*twenty to 1 (am/pm)*	twènn·ti tou *wann* (èï·èm/pi·èm)
1 heure moins le quart	*quarter to 1 (am/pm)*	*kwâr*·teur tou wann (èï·èm/pi·èm)
À quelle heure… ?	*At what time…?*	at wat *täim*
lundi	*Monday*	*monn*·dèï
mardi	*Tuesday*	*tyous*·dèï
mercredi	*Wednesday*	*wènns*·dèï
jeudi	*Thursday*	*Sœurs*·dèï
vendredi	*Friday*	*fraï*·dèï
samedi	*Saturday*	*sa*·teu·dèï
dimanche	*Sunday*	*seunn*·dèï
janvier	*January*	*dja*·nu·ari
février	*February*	*fè*·bru·ari
mars	*March*	*mâr*tch
avril	*April*	*èï*·pril
mai	*May*	mèï
juin	*June*	djounn
juillet	*July*	djou·*laï*
août	*August*	*ao*·goust
septembre	*September*	sep·*tèmm*·beur
octobre	*October*	ok·*to*·beur
novembre	*November*	no·*vèmm*·beur
décembre	*December*	di·*cèmm*·beur

EN DÉTAIL

été	*summer*	*seu*·meur
automne	*autumn*	*oo*·tomm
hiver	*winter*	*winn*·teur
printemps	*spring*	sprinng

Quelle est la date d'aujourd'hui ?
What's the date? — whats Zeu *dèït*

Quel jour sommes-nous ?
What's the day today? — whats Zeu *dèï* tou·dèï

Nous sommes le 18 octobre.
It's 18 October. — its Zi èï·*tiinnS* of ok·*to*·beur

le mois dernier	*last month*	last *monnS*
hier soir	*last night*	last *naït*
l'année dernière	*last year*	last *yeur*

le/la/l' … prochain(e)	*next …*	nèxt…
semaine	*week*	*wiik*
mois	*month*	*monnS*
année	*year*	*yeur*

depuis (mai)
since (May) — sinns (*mèï*)

jusqu'à (lundi)
until (Monday) — eunn·*til* (monn·dèï)

hier...	*yesterday ...*	*yès*·teu·dèï ...
après-midi	*afternoon*	af·teu·*noun*
soir	*evening*	*iv*·ninng
matin	*morning*	*mor*·ninng

demain...	*tomorrow ...*	tou·*mo*·ro ...
matin	*morning*	*mor*·ninng
après-midi	*afternoon*	af·teu·*noun*
soir	*evening*	*iv*·ninng

Dictionnaire français/anglais

A

à (lieu où l'on est) *at* at • **(indique un mouvement)** *to* tou
— **bord** *aboard* eu·boord
— **côté de** *beside* bi·saïd • *next to* nèkst tou
— **droite** *right* raït
— **gauche** *left* lèft
— **la maison** *home* hom
— **l'étranger** *abroad* eu·brood
— **l'heure** *on time* onn taïm
— **peu près** *approximately* eu·pro·ksi·mėït·li
— **plein temps** *full-time* foul taïm
— **temps partiel** *part-time* pârt taïm
accident *accident* ak·seu·dènnt
• **(voiture, avion)** *crash* krach
acheter *to buy* tou baï
adaptateur *adaptor* eu·dap·teur
addition *bill* bill • *check* **(USA)** tchèk
adresse *address* eu·drès
aéroport *airport* èr·poort
affaires *business* biz·nès
agence de voyages *travel agency* tra·veul éï·djèn·si
agenda *diary* daï·eu·ri
agent immobilier *real estate agent* rè·eul ès·téït éï·djènnt
aide *help* hèlp
aider *to help* tou hèlp
aiguille *needle* nii·deul
aimer (apprécier) *to like* tou laïk
• **(sentiment plus marqué)** *to love* tou lov
alcool *alcohol* al·keu·hol
Allemagne *Germany* djeur·ma·ni
aller *to go* tou go
allergie *allergy* a·leur·dji
aller-retour (billet) *return (ticket)* ri·tœrn (ti·keut)
allumettes *matches* mat·cheuz
ambassade *embassy* èm·beu·si
ambulance *ambulance* èm·byu·lènns
amende *fine* faïn
amer/amère *bitter* bi·teur
ami(e) *friend* frènnd
amour *love* lov
ampoule (peau) *blister* blis·teur
• **(électrique)** *light bulb* laït beulb
analgésique *painkiller* péïn·ki·leur
Anglais(e) *English* ènn·glich
Angleterre *England* ènn·gland
année *year* yeur
anniversaire *birthday* bœrS·déï
annuaire *phone book* foonn bouk
annuler *to cancel* tou kan·seul
antibiotiques *antibiotics* an·ti·baï·o·tiks
antiseptique *antiseptic* èn·ti·sèp·tik
appareil de chauffage *heater* hi·teur
appareil photo *camera* kâm·ra
appel en PCV *collect call* ko·lèkt kool
appeler *to call* tou kool
après *after* af·teur
après-demain *(the) day after tomorrow* (Zeu) déï af·teur tou·mo·ro
après-midi *afternoon* af·teur·noun
après-rasage *aftershave* af·teur·chéïv
après-shampooing *conditioner* konn·di·cheu·neur
architecte *architect* âr·ki·tèkt
architecture *architecture* âr·ki·tèk·tcheur
argent *money* mo·nè
• **(espèces)** *cash* kach
• **(métal)** *silver* sil·veur
arrêt *stop* stop
— **de bus** *bus stop* beus stop
arrêter *to stop* tou stop
• **(par la police)** *to arrest* tou eu·rèst
arrière *rear* riir
arrivées *arrivals* eu·raï·veulz

EN DÉTAIL

art *art* ârt
artisanat *crafts* krafts
artiste *artist* âr·tist
ascenseur *elevator* **(USA)** è·leu·véï·teur
• *lift* **(GB)** lift
aspirine *aspirin* as·preun
assez *enough* i·neuf
assiette *plate* pléït
assurance *insurance* in·chou·rènns
atmosphère *atmosphere* at·meus·fir
attendre *to wait (for)* tou wéït (for)
Attention ! *Careful!* kéïr·foul
au revoir *goodbye* goud·baï
aube *dawn* doonn
auberge de jeunesse *youth hostel* youS hos·teul
aujourd'hui *today* tou·déï
automne *autumn* **(GB)** o·teum
• *fall* **(USA)** fool
autoroute *highway* **(USA)** haï·wéï
• *motorway* **(GB)** mo·to·wéï
autre *other* o·Zeur
avant *before* bi·for
avant-hier *(the) day before yesterday* (Zeu) déï bi·for yès·teur·déï
avion *plane* pléïn
avocat(e) *lawyer* loo·yeur
avoir *to have* tou hav
— **faim** *to be hungry* tou bi heun·gri
— **mal aux dents** *to have a toothache* tou hav eu touS·èk
— **mal au ventre** *to have a stomachache* tou hav eu sto·mak·èk
— **raison** *to be right* tou bi raït
— **soif** *to be thirsty* tou bi Sœrs·ti
— **sommeil** *to be sleepy* tou bi sli·pi
— **tort** *to be wrong* tou bi rong

B

baby-sitter *babysitter* béï·bi·si·teur
bac *ferry* fè·ri
bague *ring* rinng
baignoire *bath* bâS
bande dessinée *comic book* ko·mik bouk
bande-vidéo *video tape* vi·dè·o téïp
banque *bank* bènnk
bar *bar* bâr • *pub* peub
bas *stockings* sto·kinngz
bateau *boat* boot
bâtiment *building* bil·dinng
beau/belle *beautiful* byou·ti·foul
• *handsome* hand·som
bébé *baby* béï·bi
bibliothèque *library* laï·breu·ri
bientôt *soon* sououn
bière *beer* biieur
bijoux *jewellery* djou·eul·ri
billet *ticket* ti·keut
— **de banque** *banknote* bènnk·not
— **en stand-by** *stand-by ticket* stand·baï ti·keut
blanc/blanche *white* waït
blanchisserie *laundry* lonn·dri
blessé(e) *hurt* heurt
• *injured* inn·djeurd
blessure *injury* inn·djeu·ri
bloqué(e) *blocked* blokt
bœuf *ox* oks
boisson *drink* drink
boîte *box* boks
— **de conserve** *can* kann • *tin* tinn
— **(discothèque)** *nightclub* naït·cleub
— **aux lettres** *mailbox* méïl·boks
bol *bowl* bool
bon marché *cheap* tchiip
bon/bonne *good* goud

bonde (évier) *plug* pleug
botte *boot* bouout
bouche *mouth* maouS
boucherie *butcher's shop* *beut*·cheurz chop
boucles d'oreilles *earrings* *ii*·rinngz
bouillie *baby food* *béï*·bi foud
bouillotte *water bottle* *wo*·teur *bo*·teul
boulangerie *bakery* *béï*·keu·ri
boules de coton *cotton balls* *ko*·tonn bolz
bouteille *bottle* *bo*·teul
bouton *button* *beu*·tonn
braderie *street market* striit *mâr*·keut
bras *arm* ârm
briquet *cigarette lighter* *si*·geu·rèt *laï*·teur
brochure *brochure* *bro*·cheur • *flyer* *fla*·ieur
brosse *brush* breuch
— **à cheveux** *hairbrush* hèr·breuch
— **à dents** *toothbrush* touS·breuch
brûlure *burn* bœrn
brun/brune *brown* brawnn
bruyant(e) *noisy* *noï*·si
budget *budget* *beu*·djèt
buffet *buffet* *beu*·fèt
bureau des objets trouvés *lost property office* lost pro·peur·ti *o*·fis
bus *bus* beus

C

cabine téléphonique *phone box* fonn boks
cadeau *gift* gift • *present* *prè*·sènnt
cadenas *padlock* *pad*·lok
cafard *cockroach* kok·rotch
café (boisson) *coffee* *ko*·fi
• **(lieu)** *cafe* *ka*·fè
caisse (enregistreuse) *cash register* *kach* rè·djis·teur
caissier/caissière *cashier* ka·*chiir*
• *teller* tè·leur
calculatrice *calculator* *kal*·kyou·la·teur
campagne *countryside* *kon*·tri·saïd
canard *duck* deuk
carnet *notebook* *not*·bouk
carte (menu) *menu* *meu*·nyou
• **(plan)** *map* map
— **de crédit** *credit card* *krè*·dit kârd
— **d'embarquement** *boarding pass* *boor*·dinng pâs
— **grise** *car owner's title* kâr *o*·neurz *taï*·teul
— **d'identité** *identification card (ID)* aï·dènn·ti·fi·*kéï*·cheunn kârd (aï·dii)
— **postale** *postcard* *post*·kârd
cassé(e) *broken* *bro*·keunn
casse-croûte *snack* snak
casserole *pan* pann
cassette *cassette* ka·*seut*
cathédrale *cathedral* ka·*Sii*·dreul
CD *CD* sii·dii
ce soir *tonight* tou·*naït*
ceinture de sécurité *seatbelt* *siit*·bèlt
cela *that (one)* Zat (wann)
célibataire *single* *sinn*·geul
cendrier *ashtray* *ach*·tréï
centre *centre* *sènn*·teur
— **commercial** *shopping centre* *cho*·pinng *sènn*·teur
— **-ville** *city centre* *si*·ti *sènn*·teur
chaleur *heat* hiit
chambre *room* roum
— **à coucher** *bedroom* *bèd*·roum
— **double/pour deux personnes** *double room* *deu*·beul roum
— **simple/pour une personne** *single room* *sinn*·geul roum
changer *to change* tou tchènndj
chapeau *hat* hat
chaque *each* iitch • *every* *è*·vri
chariot *trolley* *tro*·li
charmant(e) *charming* *tchâr*·minng

château *castle* *kâ*·seul
chaud(e) *hot* hot • *warm* worm
chauffé(e) *heated* *hi*·teud
chaussettes *socks* soks
chaussure *shoe* chou
chef (cuisine) *chef* chèf
chemin *path* paS • *lane* léïn • *way* wéï
— **de fer** *railway* *réïl*·wéï
— **de montagne** *mountain path* *maon*·téïn paS
chemise *shirt* chœrt
chèque *check/cheque* tchèk
— **de voyage** *travellers cheque* *trav*·leurz tchèk
cher/chère *expensive* èks·*pènn*·siv
cheville *ankle* *an*·keul
chien *dog* dog
— **d'aveugle** *guide dog* *gaïd* dog
chocolat *chocolate* *tcho*·kleut
cigare *cigar* si·*gâr*
cigarette *cigarette* *si*·geu·rèt
cinéma *cinema* *si*·neu·ma
cirque *circus* *sœr*·keus
ciseaux *scissors* *si*·zeurz
clair(e) *clear* kliir • *light* laït
classe *class* klas
— **affaires** *business class* *biz*·nès klas
— **touriste** *economy class* i·*ko*·no·mi
première *first class* fœrst klas
clé *key* kii
client(e) *client* *klaï*·ènnt • *customer* *keus*·teu·meur
climatisé *air-conditioned* èr·kon·di·cheunnd
clinique privée *private hospital* *praï*·veut *hos*·pi·teul
code postal *post code* *post* kod
cœur *heart* hârt
coffre-fort *safe* séïf
coiffeur/coiffeuse *hairdresser* *hèr*·drè·seur
colis *parcel* *pâr*·seul
collant *pantyhose* *pan*·ti·hoz
collègue *colleague* *ko*·liig
collier *necklace* *nèk*·léïs
colloque *conference* *konn*·frènns
comme *as* az • *like* laïk
commissariat *police station* peu·*liis* *stéï*·cheunn
commotion cérébrale *concussion* kon·*keu*·cheun
compagnon/compagne *companion* keum·*pa*·nyeunn
complet/complète *booked up* boukt eup • *no vacancy* no *véï*·keun·si
compris(e) *included* in·*klou*·deud
compte *account* eu·*kaont*
— **bancaire** *bank account* bènnk eu·*kaont*
concert *concert* *konn*·sœrt
confirmer *to confirm* tou konn·*fœrm*
confortable *comfortable* *komf*·teu·beul
congrès *conference* *konn*·frènns
consigne *left luggage (office)* lèft *lu*·gidj (*o*·fis)
— **automatique** *luggage lockers* *u*·gidj *lo*·keurs
constipation *constipation* konn·sti·*péï*·cheunn
consulat *consulate* *konn*·su·léït
coton *cotton* *ko*·teunn
couche *diaper* *daï*·peur • *nappy* *na*·pi
coucher du soleil *sunset* *seun*·sèt
couleur *colour* *keu*·leur
couloir (avion) *aisle* éïl
coup de soleil *sunburn* *seun*·bœrn
coupe (de cheveux) *haircut* *hèr*·keut
coupe-ongles *nail clippers* néïl *kli*·peurz
courrier *mail* méïl
court(e) *short* chort
coût *cost* kost
couteau *knife* naïf
coutume *custom* *keus*·teum
couverts *cutlery* *keu*·teul·ri
couverture *blanket* *blann*·keut

crayon *pencil* pènn·sil
crèche *creche* krèch
crédit *credit* krè·dit
crème *cream* kriim
  — de bronzage *tanning lotion* ta·ninng lo·cheunn
  — hydratante *moisturiser* moïs·tyeu·raï·zeur
cuillère *spoon* spououn
cuir *leather* lè·Zeur
cuire *to cook* tou kouk
cuisine *kitchen* kit·cheunn
cuisinier/cuisinière *cook* kouk
cybercafé *Internet cafe* inn·teur·nèt ka·fè

dangereux/dangereuse *dangerous* dènn·djeu·reus
dans *in* inn • *into* inn·tou
danse *dancing* dann·sinng
danser *to dance* tou danns
date *date* déït
  — de naissance *date of birth*
de *from* from
décalage horaire *time difference* taïm di·frènns
défectueux/défectueuse *faulty* fol·ti
dehors *outside* aout·saïd
déjeuner *lunch* leunnch
délicieux/délicieuse (plat) *tasty* téïs·ti
demain *tomorrow* tou·mo·ro
  — après midi *tomorrow afternoon* tou·mo·ro af·teur·noun
  — matin *tomorrow morning* tou·mo·ro moor·ninng
  — soir *tomorrow evening* tou·mo·ro iv·ninng
démangeaison *itch* itch
dentifrice *toothpaste* touS·péïst
dentiste *dentist* dènn·tist
déodorant *deodorant* di·o·deu·reunnt
dépôt *deposit* dè·po·zit
dernier/dernière *last* last
derrière *behind* bi·haïnnd
descendre (d'un train, d'une voiture) *to get off* tou gèt off
  • **(un escalier)** *to go down* tou go daonn
destination *destination* dès·ti·néï·cheunn
deux *two* tou
  — fois *twice* twaïs
diabète *diabetes* daï·eu·bi·tiz
diapositive *slide* slaïd
diarrhée *diarrhoea* daï·eu·ri·eu
différent(e) *different* di·frènnt
dîner *dinner* di·neur
direction *direction* di·rèk·cheunn
disquette *disk* disk
distributeur automatique de billets (banque) (DAB) *automatic teller machine (ATM)* o·teu·ma·tik tè·leur meu·chinn (éï·tii·èm)
distributeur de billets (transport) *ticket machine* ti·keut meu·chinn
doigt *finger* finn·geur
dollar *dollar* do·leur
dormir *to sleep* tou sliip
dos *back* bak
douane *customs* keus·tomz
douche *shower* cha·weur
douleur *ache* èk • *pain* péïn
douloureux/douloureuse *painful* péïn·foul • *sore* sor
drap *sheet* chiit • **draps** *bed linen* bèd li·neunn
drogue *drug* dreug
drôle *funny* feu·ni
du *some* som
dur(e) *hard* hârd

E

eau *water* wo·teur
— **minérale** *mineral water* minn·reul wo·teur
échange *exchange* èks·*tchènndj*
échanger *to change* tou tchènndj
• *to exchange* tou èks·*tchènndj*
écharpe *scarf* skârf
Écosse *Scotland* *skot*·land
écouter *to listen (to)* tou *li*·seunn tou
écran *screen* skriin
— **solaire** *sunscreen* seunn·skriin
— **total** *sunblock* seunn·blok
écrire *to write* tou raït
écrivain *writer* raï·teur
eczéma *eczema* eg·zi·meu
égalité *equality* i·kwo·li·ti
— **des chances** *equal opportunity* i·kwol o·por·tyou·ni·ti
église *church* tcheurtch
électricité *electricity* i·lèk·*tri*·si·ti
e-mail *email* *i*·méïl
en haut *up* eup • *upstairs* *eup*·stèrz
en retard *late* léït
encaisser *to cash* tou kach
enceinte *pregnant* *prèg*·nant
encore *again* *eu*·géïn
enfant *child* tchaïld • **enfants** *children* *tchil*·dreunn • **siège pour enfant** *child seat* *tchaïld* siit
ennuyeux/ennuyeuse *boring* *bo*·rinng
énorme *huge* hyoudj
enregistrement *check-in* tchèk·*inn*
ensemble *together* tou·*gè*·Zeur
ensoleillé(e) *sunny* *seu*·ni
entracte *intermission* inn·teur·*mi*·cheunn
entrée *entry* *ènn*·tri
entreprise *company* *com*·peu·ni
entrer *to enter* tou *ènn*·teur
enveloppe *envelope* *ènn*·veu·lop
épaule *shoulder* *choul*·deur
épicerie *grocery* *gros*·rii
épouse *wife* *waïf*
équitation *horse riding* hors *raï*·dinng
escalier *stairway* *stèr*·wéï
Espagne *Spain* spéïn
Espagnol(e) *Spanish* spa·niche
espoir *hope* hop
esprit *mind* maïnnd • *spirit* spi·rit
essai *test* tèst
essayer *to try* tou traï
essence *gas* gas • *petrol* **(GB)** *pè*·treul
est *east* iist
estomac *stomach* *sto*·mak
et *and* ènnd
étage *floor* floor • *storey* **(USA)** *sto*·ri
été *summer* *seu*·meur
étranger/étrangère *foreign* **adj** *fo*·réïn
• *stranger* **n** *strènn*·djeur
être *to be* tou be
étudiant(e) *student* *stou*·dènnt
étudier *to study* tou steu·di
euro *euro* *you*·ro
Europe *Europe* *you*·rop
Européen(ne) *European* you·ro·*pi*·ann
excédent (bagages) *excess* ék·seus
exposition *exhibition* èk·si·*bi*·cheunn

F

faire *to do* tou dou • *to make* tou mèïk
— **des courses** *to shop* tou chop
— **du stop** *to hitchhike* tou *hitch*·haïk
fait(e) à la main *handmade* *hannd*·méïd
falaise *cliff* klif
famille *family* *fa*·mi·li
fatigué(e) *tired* *taï*·yeud

fax *fax machine* feuks meu·*chinn*
félicitations *congratulations* konn·gra·tu·*léï*·cheunnz
femelle *female* *fii*·méïl
femme *woman* *wou*·mann
fenêtre *window* *winn*·do
fer à repasser *iron* *aï*·ronn
fermé(e) *closed* klozd
— **à clé** *locked* lokt
fermer *to close* tou kloz
fermeture Éclair *zip* zip • *zipper* *zi*·peur
fiançailles *engagement* *ènn*·géïdj·mènnt
fiancé(e) *engaged* *ènn*·géïdjd
fiancée *fiancee* *fi*·an·sé
fièvre *fever* *fi*·veur
fil dentaire *dental floss* *dènn*·teul flos
fille *girl* gœrl • **(famille)** *daughter* *do*·teur
film *film* film • *movie* **(USA)** *mou*·vi
fils *son* sonn
finir *to end* tou ènnd • *to finish* tou *fi*·nich
fleuriste *florist* *flo*·rist
foncé(e) *dark* dârk
foot(ball) *football* *fout*·bool
• *soccer* **(USA)** *so*·keur
forêt *forest* *fo*·rèst
fort(e) *strong* strong
• **(son)** *loud* laod
four *oven* o·veunn
— **à micro-ondes** *microwave (oven)* *maï*·kro·wéïv (o·veunn)
fourchette *fork* foork
fragile *fragile* *fra*·djil
frais/fraîche *cool* kououl • *fresh* frèch
freins *brakes* bréïks
frère *brother* *bro*·Zeur
froid(e) *cold* kold
frontière *border* *bor*·deur
fruit *fruit* frout
fumée *smoke* smook
fumer *to smoke* tou smook

G

galerie *art gallery* ârt *gal*·ri
gants *gloves* glovz
garanti(e) *guaranteed* *ga*·rèn·tid
garçon *boy* boï
garderie *childminding* *chaïld*·maïnn·dinng
gare *train station* tréïn *stéï*·cheunn
— **routière** *bus station* beus *stéï*·cheunn
garer (une voiture) *to park (a car)* tou pârk (eu kâr)
gastro-entérite *gastroenteritis* gas·tro·èn·teu·*raï*·tis
gaz *gas* gas
gelé(e) *frozen* *fro*·zeunn
genou *knee* nii
gentil/gentille *kind* kaïnnd • *nice* naïs
gérant(e) *manager* *ma*·neu·djeur
gilet de sauvetage *life jacket* laïf *dja*·keut
glace *ice* aïs • *ice cream* *aïs* kriim
gorge *throat* Sroot
gourmand(e) *greedy* *gri*·di
goût *flavour* *fléï*·veur
gramme *gram* gram
grand lit *double bed* *deu*·beul bèd
grand(e) *big* big
grand-mère *grandmother* *grannd*·mo·Zeur
grand-père *grandfather* *grannd*·fa·Zeur
gras/grasse *fat* fat
gratuit(e) *free* frii
grenouille *frog* frog
grille-pain *toaster* *toos*·teur
grippe *flu* flou
groupe *group* group
— **de rock** *rock group* *rok* group
— **sanguin** *blood group* *bleud* group
guichet *ticket office* *ti*·keut *o*·fis
guide (personne) *guide* gaïd
• **(livre)** *guidebook* *gaïd*·bouk
gym *gym* djim

EN DÉTAIL

H

handicapé(e) *disabled* di·zéï·beuld
haut(e) *high* haï
heure *hour* aoueur • *time* taïm
heures d'ouverture *opening hours* o·peu·ning aoueurz
heureux/heureuse *happy* ha·pi
hier *yesterday* yès·teur·déï
hiver *winter* winn·teur
homme *man* mann
homosexuel(le) *gay* gêï • *homosexual* ho·mo·sèk·chu·eul
hôpital *hospital* hos·pi·teul
horaire *timetable* taïm·téï·beul
horoscope *horoscope* ho·reus·kop
hôtel *hotel* ho·teul
huile *oil* oïl

I

ici *here* hiir
il *he* hi
île *island* aï·land
immatriculation *car registration* kâr rè·djis·tréï·cheunn
imperméable *raincoat* n réïn·coot
important(e) *important* im·por·tant
impossible *impossible* im·po·si·beul
imprimante *printer* prinn·teur
inconfortable *uncomfortable* eunn·komf·teu·beul
indigestion *indigestion* inn·daï·djè·cheunn
indiquer *to point* tou poïnnt
infection *infection* inn·fèk·cheunn
infirmier/infirmière *nurse* nœrs
informatique *IT* aï·tii
ingénierie *engineering* inn·djè·ni·rinng
ingénieur *engineer* inn·djè·niir
injecter *to inject* tou inn·djèkt
Internet *Internet* inn·teur·net
interprète *interpreter* inn·teur·preu·teur
Irlande *Ireland* aï·land
itinéraire *itinerary* i·ti·neu·rè·ri

J

jambe *leg* lèg
jardin *garden* gâr·deunn
je *I* aï
jean *jeans* djiins
jour *day* déï
jour de l'an *New Year's Day* nyou yœrz déï
journal *newspaper* niouz·péï·peur
jupe *skirt* skœrt
jusqu'à (+ date) *until* eunn·til
justice *justice* djeus·tis

K

kilo *kilo* ki·lo
kilogramme *kilogram* ki·lo·gram
kilomètre *kilometre* ki·lo·mè·teur
kiosque *kiosk* ki·osk

L

là *there* Zèèr
lac *lake* léïk
laine *wool* wououl
lait *milk* milk
lame de rasoir *razor blade* réï·zeur bléïd
lampe *lamp* lamp
— **de poche** *flashlight* flach·laït • *torch* tortch
langue *language* lènn·gwidj
laver *to wash* tou woch
laverie *launderette* lon·deu·rèt

laxatif *laxative* *lak*·seu·tiv
le plus petit/la plus petite the *smallest* Zeu *smo*·leust
le/la meilleur(e) *the best* Zeu *bèst*
le/la plus grand(e) *the biggest* Zeu *bi*·geust
le/la plus proche *the nearest* Zeu *ni*·reust
le/la plus the most Zeu most
léger/légère *light* laït
lentement *slowly* *sloo*·li
lentilles de contact *contact lenses* *konn*·takt *lèn*·zeuz
lesbienne *lesbian* *lèz*·bi·eun
lettre *letter* *lè*·teur
lever *to lift* tou lift
— **du soleil** *sunrise* *seunn*·raïz
lèvre *lip* lip
librairie *bookshop* *bouk*·chop
libre *free* fri • **(chambre)** *vacant* *véï*·keunnt
ligne *line* laïnn
— **aérienne** *airline* *èr*·laïnn
limitation de vitesse *speed limit* spiid *li*·mit
linge (vêtements à laver) *laundry* *lon*·dri
lit *bed* bèd
lits jumeaux *twin beds* twinn bèdz
livre *book* bouk
• **(monnaie)** *pound* paond
livrer *to deliver* tou *dè*·li·veur
local(e) *local* *lo*·keul
location de voitures *car hire* kâr haï·yeur
logement *accommodation* eu·ko·meu·*déï*·cheunn
loin *far* far
long/longue *long* long
louer *to hire* tou *haï*·yeur• *to rent* tou rènnt
lourd(e) *heavy* *hè*·vi
lubrifiant *lubricant* *lou*·bri·keunnt
lumière *light* laït
lune *moon* moun
— **de miel** *honeymoon* *ho*·ni·moun
lunettes *glasses* *gla*·seuz
— **(de ski, de protection)** *goggles* *go*·geulz
— **de soleil** *sunglasses* *seunn*·gla·seuz
luxe *luxury* *leuk*·cheu·ri

M

machine *machine* meu·*chinn*
— **à laver** *washing machine* *wo*·chinng meu·*chinn*
Madame *Mrs* mis·iz
Mademoiselle *Ms/Miss* mis
magasin *shop* chop
— **d'appareils électriques** *electrical store* i·*lèk*·tri·keul stoor
— **de chaussures** *shoe shop* chou chop
— **de souvenirs** *souvenir shop* *sou*·veu·nir chop
— **de sport** *sports store/shop* *sports* stoor/ chop
— **de vins et spiritueux** *liquor store* *li*·keur stoor
mai *May* maï
maillot de bain *bathing suit* *béï*·Zinng sout
main *hand* hannd
maintenant *now* nao
maison *house* haous
mal à la tête *headache* *hè*·dèk
mal des transports *travel sickness* *tra*·veul *sik*·neus
malade *ill* il • *sick* sik
maladie de cœur *heart condition* *hârt* konn·*di*·cheunn
malhonnête *dishonest* di·*so*·nèst
manger *to eat* tou iit
manteau *coat* koot
maquillage *make-up* *méïk*·eup
marchand *shopkeeper* *chop*·ki·peur
— **de journaux** *newsagent* nyouz·*éï*·djènnt
— **de légumes** *greengrocer* griin·gro·seur

marché *market* mar·keut
— **aux puces** *fleamarket* flii·mar·keut
marcher *to walk* tou wook
marée *tide* taïd
mari *husband* *heus*·bannd
marié(e) *married* *ma*·rid
massage *massage* meu·*sâj*
masseur/masseuse *masseur/masseuse* ma·*sœr*/ma·*sœz*
match *game* géïm
matelas *mattress* *ma*·treus
matin *morning* *mor*·ninng
mauvais(e) *bad* bad • **(viande)** *off* of • **(direction)** *wrong* rong
médecin *doctor* *dok*·teur
médecine *medicine* *mè*·deu·seunn
médicament *medicine* *mè*·deu·seunn
meilleur(e) *better* *bè*·teur
mer *sea* sii
mère *mother* *mo*·Zeur
message *message* *mè*·sidj
mètre *metre* *mi*·teur
métro *subway* **(USA)** *seub*·wéï • *underground* **(GB)** *eunn*·deur·graond
meubles *furniture* *feur*·ni·tcheur
midi *midday* *mid*·déï • *noon* nououn
millimètre *millimetre* mi·*leu*·mi·teur
minuit *midnight* *mid*·naït
minute *minute* *mi*·neut
miroir *mirror* *mi*·reur
mode *fashion* *fa*·cheunn
modem *modem* *mo*·deum
moderne *modern* *mo*·deurn
moi *me* mi
moins de *less* lès
mois *month* monnS
moitié *half* hâf
mon/ma/mes *my* maï
monnaie (pièces) *change* tchènndj
Monsieur *Mr* *mis*·teur
montagne *mountain* *maon*·téïn
monter *to climb* tou klaïmb
— **à bord de** *to board* tou boord
montre *watch* wotch
montrer *to show* tou choo
motel *motel* mo·*tèl*
moteur *engine* *ènn*·djinn
moto *motorcycle* *mo*·to·saï·keul
mouche *fly* flaï
mouchoir *handkerchief* *hann*·keu·tchiif
mouchoirs en papier *tissues* *ti*·chyouz
mouillé(e) *wet* wèt
mousse à raser *shaving cream* *chéï*·vinng krim
musée *museum* myou·*zi*·eum
musique *music* *myou*·zik
musulman(e) *Muslim* *meuz*·lim

N

nager *to swim* tou swimm
nausée *nausea* *no*·zi·eu
neige *snow* snoo
nettoyage *cleaning* *kli*·ninng
nettoyer *to clean* tou kliin
nez *nose* noz
Noël *Christmas* *kris*·meus
noir et blanc *B&W* bii·ènnd·vii
nom *name* néïm
— **de famille** *family name* *fa*·mi·li néïm • *surname* *seur*·néïm
non *no* noo
non-fumeur *non-smoking* nons·*smo*·kinng
nord *north* noorS
notre *our* a·weur
nourriture *food* fououd
nouveau/nouvelle *new* nyou
Nouvelle-Zélande *New Zealand* nyou *zi*·land
nuit *night* naït

numéro *number* *neum*·beur
— **de chambre** *room number* *roum* neum·beur
— **de passeport** *passport number* *pas*·port neum·beur

O

objectif (photo) *lens* lènnz
objets artisanaux *handicrafts* *han*·di·krafts
obscur(e) *dark* dark
occupé(e) *busy* *bi*·zi
odeur *smell* smèl
œil *eye* aï
office du tourisme *tourist office* *tou*·rist o·fis
oiseau *bird* bœrd
ombre *shade* shéïd • *shadow* cha·doo
opéra *opera* *op*·reu
or *gold* gold
orage *storm* stoorm
orange *orange* *o*·rènndj
ordinateur *computer* kom·*pyou*·teur
— **portable** *laptop* *lap*·top
ordonnance *prescription* *près*·krip·cheunn
oreille *ear* iir
oreiller *pillow* *pi*·lo
où *where* wèr
ouest *west* wèst
oui *yes* yès
ouvert(e) *open* *o*·peunn
ouvre-boîte *can/tin opener* kann/tinn *o*·peu·neur
ouvre-bouteille *bottle opener* *bo*·teul *o*·peu·neur
ouvrir *to open* tou *o*·peunn

P

paiement *payment* *péï*·meunnt
pain *bread* brèd
— **grillé** *toast* toost
palais *palace* *pa*·leus
pansement *bandage* *bann*·didj
pantalon *pants* pants • *trousers* *trao*·zeurs
paperasserie *paperwork* *péï*·peur·work
papeterie *stationer's (shop)* *stéï*·cheu·neurz (chop)
papier *paper* *péï*·peur
— **hygiénique** *toilet paper* *toï*·lèt péï·peur
Pâques *Easter* *is*·teur
paquet *package* *pa*·keudj • *packet* *pa*·keut
par *by* baï • *per (jour)* peur
— **avion** *airmail* *èr*·méïl
— **voie de terre** *by surface mail (land)* baï *sur*·feus méïl (land)
— **voie maritime** *by surface mail (sea)* baï *sur*·feus méïl (sii)
parapluie *umbrella* eum·*brè*·leu
parc *park* pârk
— **national** *national park* *na*·cheu·neul *pârk*
parents *parents* *péï*·reunnts
parfum *perfume* *peur*·fyoum
parking *carpark* *kâr*·pârk
parler *to speak* tou spiik • *to talk* tou took
partager *to share* tou shéïr
partir *to depart* tou di·*pârt*
• **(quitter)** *to leave* tou liiv
passeport *passport* *pas*·port
pâtisserie *cake shop* kéïk chop
Pays-Bas *Netherlands* *nè*·Zeur·landz
pêche *fishing* *fi*·chinng
peigne *comb* komb
peintre *painter* *péïnn*·teur
peinture *painting* *péïnn*·tinng
pellicule *film* film
pénis *penis* *pi*·neus
pension *guesthouse* *gèst*·haous
perdu(e) *lost* lost
père *father* *fa*·Zeur

petit(e) *little* li·teul • *small* smol
— **ami** *boyfriend* boï·frènnd
— **amie** *girlfriend* gœrl·frènnd
déjeuner *breakfast* brèk·feust
petite cuillère *teaspoon* tii·spoun
petite-fille *granddaughter* grand·do·teur
petit-fils *grandson* grand·sonn
pétrole *oil* oïl
peu *(a) little bit* (eu) li·teul bit
phares *headlights* hèd·laïts
pharmacie *chemist* kè·mist • *pharmacy* far·meu·si
pharmacien(ne) *chemist* kè·mist
photo *photo* fo·to
photographe *photographer* fo·to·gra·feur
photographie *photography* fo·to·gra·fi
pièce (de théâtre) *play* pléï
pièces *coins* koïnnz
pied *foot* fout • **pieds** *feet* fiit
pile *battery* bat·ri
pilule *pill* pil
pince à épiler *tweezers* twi·zeurz
pique-nique *picnic* pik·nik
piscine *swimming pool* swi·minng poul
place (assise) *seat* siit
• **(dans une ville)** *square* skwér
plage *beach* biitch
plainte *complaint* kom·plènnt
plat *dish* dich
plat(e) *flat* flat
plein(e) *full* foul
pluie *rain* réïn
plus (que) *more* more (Zann)
plus grand(e) *bigger* bi·geur
plus tard *later* léï·teur
pneu *tyre* taï·yeur
poêle *frying pan* fraï·inng pann
poisson *fish* fich
poissonnerie *fish shop* fich chop
poitrine *chest* chèst
police *police* peu·liis
policier *police officer* peu·liis o·fi·seur
pont *bridge* bridj
port *harbour* har·beur • *port* poort
porte *door* dor
porte-monnaie *purse* pœrs
posemètre *light meter* laït mi·teur
poste *mail* méïl
poubelle *garbage/rubbish can* gar·bidj/reu·bich kann
pourboire *tip* tip
pourquoi *why* waï
poussette *push chair* pouch tchèr
• *stroller* stro·leur
prénom *Christian name* kris·tcheunn néïm
près de *near* niir
présenter *to introduce* tou inn·tro·dyous
préservatif *condom* konn·deum
pressé(e) *in a hurry* inn eu heu·ri
prévision *forecast* for·kast
prière *prayer* prèèr
principal(e) *main* méïn
printemps *spring* sprinng
prise *plug* pleug
privé(e) *private* praï·veut
prix *price* praïs
— **d'entrée** *admission price* eud·mi·cheunn praïs
problème *problem* pro·blèm
prochain(e) *next* nèkst
professeur *teacher* tit·cheur
programme *programme* pro·gram
— **des spectacles** *entertainment guide* eunt·teur·téïn·meunnt gaïd
propre *clean* klin
prostituée *prostitute* pros·ti·tyout
protège-slips *panty liners* pan·ti laï·neurs
publicité *advertisement* ad·veur·taïz·meunnt
pull *jumper* djeum·peur • *sweater* swè·teur

Q

quai *platform* plat·feurm
quand *when* wèn
quel(le) *what* wat • *which* witch
quelqu'un *someone* som·wann
quelque chose *something* som·Sinng
quelquefois *sometimes* som·taïmz
quelques *some* som
queue (file d'attente) *queue* kyou
• **(extrémité)** *tail* téïl
qui *which* witch • *who* hou
quotidien(ne) *daily* déï·li

R

raconter *to tell* tou tèl
radio *radio* réï·di·o
randonnée *hiking* haï·kinng • *trek* trèk
randonner *to hike* tou haïk
rapide *fast* fast • *quick* kwik
rapport *connection* keu·nèk·sheunn
rapports sexuels protégés *safe sex* séïf sèks
rare *rare* rèïr
rasoir *razor* réï·zeur
rat *rat* rat
rave *rave* rèïv
réaliste *realistic* ri·eu·lis·tik
recommander *to recommend* tou re·keu·mènnd
reçu *receipt* ri·siit
réfrigérateur *refriqerator*
régime *diet* daï·eut
reine *queen* kwiin
relation *relationship* ri·léï·cheun·chip
religion *religion* ri·li·djeunn
remboursement *refund* ri·fonnd
remise *discount* dis·kaont
remplir *to fill* tou fill
rendez-vous *appointment* eu·poïnnt·meunnt
• **(amoureux)** *date* déït
réparer *to repair* tou ri·pèr
repas *meal* miil
réservation *reservation* rè·zeur·véï·cheunn
réserver *to book* tou bouk
restaurant *restaurant* rèst·reunnt
retard *delay* di·léï
retrait *withdrawal* wiZ·drool
— **des bagages** *baggage claim* ba·gidj kléïm
retraité(e) *pensioner* pènn·cheu·neur
• *retired* ri·taïrd
réveil *alarm clock* eu·lorm klok
réveiller *to wake (someone) up* tou wéïk (som·wann) eup
revenir *to return* tou ri·tœrn
rhume *cold* kold
— **des foins** *hay fever* héï fi·veur
rien *nothing* no·Sinng
risque *risk* risk
rivière *river* ri·veur
robe *dress* drès
robinet *faucet* fo·seut • *tap* tap
romantique *romantic* ro·mann·tik
rouge à lèvres *lipstick* lip·stik
route *road* rood
royaume *kingdom* kinnd·deum
rue *street* striit
ruines *ruins* rou·ounz

S

sa *her* heur • *his* hiz
sable *sand* sannd
sac *bag* bag
— **à dos** *backpack* bag·pak
— **à main** *handbag* hannd·bag
— **de couchage** *sleeping bag* slii·pinng bag

Saint-Sylvestre *New Year's Eve* nyou yeurz *iiv*
saison *season* *sii*·zeunn
salaire *salary* *sal*·rii • *wage* wéïdj
sale *dirty* *deur*·ti
salle *room* roum
— **d'attente** *waiting room* *wéï*·tinng roum
— **de bain** *bathroom* *bâS*·roum
— **de transit** *transit lounge* *trann*·zit laondj
salon de beauté *beauty salon* *byou*·ti sa·*lonn*
sang *blood* bleud
sans *without* *wiZ*·aout
s'asseoir *to sit* tou sit
sauf *except* ék·*sèpt*
savon *soap* soop
science *science* saï·eunns
science-fiction *science fiction* *saï*·eunns *fik*·cheunn
scientifique *scientist* *saï*·eunn·tist
sculpture *sculpture* *skeulp*·tcheur
se plaindre *to complain* tou keum·*pléïn*
sec/sèche *dry* draï
sécher *to dry* tou draï
semaine *week* wiik
sensation *feeling* *fii*·linng
sensibilité de la pellicule *film speed* film *spiid*
sentier *footpath* fout·paS
serveur/serveuse *waiter* *wéï*·teur
service *service charge* *seur*·vis tchârdj
service *service* *seur*·vis
serviette (porte-document) *briefcase* *brif*·kéïz
— **(de table)** *napkin* *nap*·kinn
— **(de toilette)** *towel* *ta*·weul
— **hygiénique** *sanitary napkin* *sa*·ni·teu·ri nap·kinn
ses *her* heur • *his* hiz
seule(e) *alone* eu *lonn*
sexe *sex* sèks
sexisme *sexism* sèk·si·zeum
signature *signature* *sig*·neu·tcheur
sirop contre la toux *cough medicine* kof *mè*·deu·seunn
ski (activité) *skiing* *ski*·inng
— **nautique** *waterskiing* *wo*·teur·*ski*·inng
skier *to ski* tou *ski*
skis *skis* skiz
sœur *sister* *sis*·teur
• **(religieuse)** *nun* neunn
soie *silk* silk
soir *evening* *iv*·ninng
soirée (fête) *night out* naït aout
• *party* *pâr*·ti
soleil *sun* seunn
son *her* heur • *his* hiz
sortie *exit* *èg*·zit
sortir *to go out* tou go *aout*
soudoyer *to bribe* tou *braïb*
souffrir *to suffer* tou *seu*·feur
sourire n *smile* smaïl
sous-titres *subtitles* *seub*·taï·teulz
sous-vêtements *underwear* *eunn*·deur·wèr
soutien-gorge *bra* bra
souvenir *memory* *mèm*·ri • *souvenir* sou·veu·*nir*
sparadrap *Band-Aid* *bannd*·éïd
spectacle *performance* peur·*for*·meunns
• *show* choo
station de taxi *taxi stand* *tak*·si stannd
station-service *petrol station* *pè*·treul *stéï*·cheunn
stylo *pen* pènn
sucré(e) *sweet* swiit
sud *south* saouS
Suisse (pays) *Switzerland* *swi*·tze·land
supérette de quartier *convenience store* konn·*vi*·ni·eunns stoor
supermarché *supermarket* *syou*·peur·mar·keut
sur *on* onn
syndicat *trade union* tréïd *you*·nieunn
synthétique *synthetic* *sinn*·Sè·tik

EN DÉTAIL

T

tabac *tobacco* teu·*ba*·ko
taie d'oreiller *pillowcase* *pi*·lo·kéïz
taille *size* saïz
tailleur *tailor* *téï*·leur
talc *baby powder* béï·bi *pao*·deur
tampon hygiénique *tampon* *tam*·ponn
tante *aunt* annt
tarif *fare* féïr
tasse *cup* keup
taux de change *exchange rate* éks·*tchènndj* réït
taxi *taxi* tak·si
technique *technique* tèk·*nik*
télé *TV* tii·vii
télécommande *remote control* ri·*mot* keunn·*trol*
télégramme *telegram* *tè*·leu·gram
téléphérique *cable car* *kéï*·beul kâr
téléphone *telephone* *tè*·leu·fonn
— **portable** *mobile phone* *mo*·baïl fonn
— **public** *public telephone* *peu*·blik *tè*·leu·fonn
téléphoner *to telephone* tou *tè*·leu·fonn
télévision *television* tè·leu·*vi*·jeunn
témoin *witness* *wit*·neus
température *temperature* *tèmp*·reu·tcheur
temps (qui passe) *time* taïm • **(météo)** *weather* *wè*·Zeur
tennis *tennis* *tè*·neus
— **de table** *table tennis* *téï*·beul *tè*·neus
tente *tent* tènnt
terrain *ground* graond
— **de camping** *campsite* *kamp*·saït
— **de golf** *golf course* golf kours
Terre *Earth* œrS
terre *earth* œrS • *land* land
terrorisme *terrorism* *tè*·ro·*ri*·zeum
test de grossesse *pregnancy test kit* *prèg*·neunn·si tèst kit
tête *head* hèd
tétine *pacifier* *pa*·seu·faï·eur • *dummy* *deu*·mi
théâtre *drama* *dra*·meu • *theatre* *Si*·eu·teur
timbre *stamp* stamp
timide *shy* chaï
tire-bouchon *corkscrew* *kork*·skrou
tirer *to pull* tou poul
toilettes publiques *public toilet* *peu*·blik *toï*·leut
toilettes *toilet* *toï*·leut
tonalité *dial tone* *daï*·eul tonn
tôt *early* *œr*·li
toucher *to feel* tou fiil • *to touch* tou teutch
tour *tower* *ta*·weur
tout *all* ool • *everything* *èvri*·Sinng
— **le monde** *everyone* *è*·vri·wann
toux *cough* koof
traduire *to translate* tou tranns·*léït*
train *train* tréïnn
tranche *slice* slaïs
tranquille *quiet* *kwaï*·eut
travail *job* djob • *work* work
travailler *to work* tou work
triste *sad* sad
trop *too* touou
— **de** *too much* + **sg** touou meutch • *too many* + **pl** touou *mè*·ni
trousse à pharmacie *first-aid kit* fœrst·*èd* kit
trouver *to find* tou faïnnd
T-shirt *T-shirt* *tii*·shœrt
tu *you* you
typique *typical* *ti*·pi·keul

U

un(e) *a/an* eu/eunn • *one* wann
une fois *once* wanns
université *university* you·ni·*veur*·si·ti
urgence *emergency* *è·meur*·djèn·si
urgent(e) *urgent* *œr*·djeunnt
utile *useful* *youz*·foul
utiliser *to use* tou youz

V

vacances *holidays* *ho*·li·déïz • *vacation* **(USA)** *vè*·kè·sheunn
vaccination *vaccination* vak·si·*néï*·cheunn
vache *cow* kao
valeur *value* *va*·lyou
valider *to validate* tou *va*·li·déït
valise *suitcase* sout·kéïz
vallée *valley* va·li
végétarien/végétarienne *vegetarian* vè·djeu·*tè*·ri·eunn
véhicule *vehicle* *vi*·eu·keul
vélo *bicycle* *baï*·si·keul
vélo tout-terrain (VTT) *mountain bike* *maon*·tëïn baïk
venimeux/venimeuse *poisonous* *poï*·zeu·neus
ventilateur *fan* fann
verre (boisson) *drink* drink • *glass* glas
veste *jacket* *dja*·keut
vestiaire *cloakroom* *klok*·roum
vêtements *clothing* *klo*·Zinng
viande *meat* miit
vide *empty* *èmp*·ti
vieux/vieille *old* old
ville *city* *si*·ti • *town* taonn
vin *wine* waïnn
violer *to rape* tou rëïp
virus *virus* *vaï*·reus
visa *visa* *vii*·zeu
visage *face* fëïs
visite guidée *guided tour* *gaï*·deud touour
vitamine *vitamin* *vi*·teu·meunn
vitesse *speed* spiid
vivre *to live* tou liv
voiture *car* kâr
vol (avion) *flight* flaït • **(escroquerie)** *robbery* *ro*·beu·ri
volé(e) (escroqué) *stolen* *sto*·leunn
vous *you* you
voyage *journey* *djœr*·ni *tour* touour • *trip* trip
— **d'affaires** *business trip* *biz*·nès trip
voyageur/voyageuse *passenger* *pa*·seunn·djeur
vrai(e) (réél) *real* *ri*·eul
vraiment *really* rii·li
vue *view* vyou

W

wagon-lit *sleeping car* *slii*·pinng kâr
wagon-restaurant *dining car* *daï*·ninng kâr
week-end *weekend* *wik*·ènnd

Y

yeux *eyes* aïz
yoga *yoga* *yo*·geu

Z

zoo *zoo* zouou

EN DÉTAIL

B Dictionnaire anglais/français

Les symboles **n** et **v** désignent respectivement un nom et un verbe.

A

accommodation eu·ko·mo·*déï*·cheunn *logement*
account eu·*kaont* *compte*
afternoon af·teur·*noun* *après-midi*
air-conditioned *èr*·kon·di·cheunn *climatisé*
airplane (USA) *èr*·pléïn *avion*
airport *èr*·port *aéroport*
— **tax** *èr*·port taks *taxe d'aéroport*
alarm clock a·*lârm* klok *réveil*
alcohol al·ko·*hol* *alcool*
antique an·*tik* *antiquité*
appointment eu·*poïnt*·mènnt *rendez-vous*
arrivals eu·*raï*·veulz *arrivées*
ashtray *ach*·tréï *cendrier*
at at *à*
aunt annt *tante*
automatic o·teu·*ma*·tik *automatique*
— **teller machine (ATM)** o·teu·*ma*·tik *tè*·leur meu·*chinn* (éï·ti·èm) *distributeur automatique de billets (DAB)*
autumn *o*·teum *automne*

B

B&W bi·ènnd·vi *noir et blanc (film, pellicule)*
baby *béï*·bi *bébé*
back bak *dos*
backpack *bak*·pak *sac à dos*
bad bâd *mauvais(e)*
bag bag *sac*
baggage claim *bâ*·gidj kléïm *retrait des bagages*
bakery *béï*·keu·ri *boulangerie*
Band-Aid bennd·èd *sparadrap*
bank bènnk *banque*
— **account** bènnk eu·*kaont* *compte bancaire*
bath bâS *baignoire*
bathroom (USA) *bâS*·roum *salle de bains/ toilettes*
battery *ba*·trii *pile* • *ba*·trii *batterie*
beach bitch *plage*
beautiful *byou*·ti·foul *beau/belle*
beauty salon *byou*·ti seu·*lonn* *salon de beauté*
bed bèd *lit*
— **linen** *bèd* li·neuun *draps*
bedroom *bèd*·roum *chambre à coucher*
beer biieur *bière*
bicycle *baï*·si·keul *vélo*
big *big* *grand(e)*
bill bil *addition (au restaurant)*
birthday *bœrS*·déï *anniversaire*
black blak *noir(e)*
blanket *blan*·kèt *couverture*
blood bleud *sang*
— **group** *bleud* group *groupe sanguin*
blue blou *bleu(e)*
boarding pass *boor*·dinng pâs *carte d'embarquement*
boat boot *bateau*
book bouk **n** *livre* • **v** *réserver*
booked up boukt *eup* *complet/complète*
bookshop *bouk*·chop *librairie*
border *bor*·deur *frontière*
bottle *bo*·teul *bouteille*
box boks *boîte*
boy boï *garçon*
boyfriend *boï*·frènnd *petit ami*
bra bra *soutien-gorge*
brakes bréïks *freins*
bread brèd *pain*
breakfast *brèk*·feust *petit-déjeuner*
broken *bro*·keun *cassé(e)*
brother *bro*·Zeur *frère*
brown braonn *brun(e)*

EN DÉTAIL

building *biil*·dinng *bâtiment*
bus beus *bus, car*
— **stop** *beus* stop *arrêt de bus*
business *biz*·nès *affaires*
— **class** *biz*·nès klas *classe affaires*
— **trip** *biz*·nès trip *voyage d'affaires*
busy *bi*·zi *occupé(e)*
butcher's shop *beut*·cheurs chop *boucherie*
buy baï *acheter*

C

cafe *ka*·fè *café*
call *kool* *appeler*
camera *kam*·ra *appareil photo*
cancel *kan*·*seul* *annuler*
car kâr *voiture*
— **registration** kâr rè·djis·*tréï*·cheunn *immatriculation*
— **car owner's title** kâr o·neurz *taï*·teul *carte grise*
— **hire** kâr ha·yeur *location de voitures*
Careful! *kéïr*·foul *Attention !*
cashier ka·*chiir* *caissier/caissière*
cemetery *sè*·meu·tè·ri *cimetière*
chairlift *tchèèr*·lift *télésiège*
change tchènndj **v** *changer*
• tchènndj **n** *monnaie*
check-in (desk) tchèk·*inn* (dèsk) *enregistrement*
cheque tchèk *chèque*
child tchaïld *enfant*
Christian *kris*·tcheun *chrétien/chrétienne*
— **name** *kris*·tcheun néïm *prénom*
Christmas *kris*·meus *Noël*
church tchœrtch *église*
cigarette lighter si·geu·*rèt* *laï*·teur *briquet*
circus *sœr*·keus *cirque*
city *ci*·ti *ville*
— **centre** *ci*·ti *sènn*·teur *centre-ville*

clean kliin **a** *propre*
• **v** *nettoyer*
cleaning *klii*·ninng *nettoyage*
cloakroom *klook*·roum *vestiaire*
closed klozd *fermé(e)*
clothing *klo*·Zinng *vêtements*
coat koot *manteau*
coins koïnnz *pièces (de monnaie)*
cold kold *froid(e)*
comfortable *komf*·teubl *confortable*
company *kom*·peu·ni *entreprise*
computer com·*pyou*·ter *ordinateur*
condom *konn*·dom *préservatif*
confirm konn·*fœrm* *confirmer*
congratulations konn·gra·tyu·*léï*·cheunnz *félicitations*
connection ko·*nèk*·cheunn *rapport*
convenience store konn·*vi*·nyèns stor *supérette de quartier*
cook kouk **n** *cuisinier/cuisinière*
• **v** *cuire, cuisiner*
cough kof *toux*
countryside *konn*·tri·saïd *campagne*
cover charge *ko*·veur tchardj *prix d'entrée/du couvert*
crafts krafts *artisanat*
credit card *krè*·dit kârd *carte de crédit*
customs *keus*·teumz *douane*

D

daily *déï*·li *quotidien/quotidienne*
daughter *doo*·teur *fille*
day déï *jour*
— **after tomorrow** déï *af*·teur tou·*mo*·ro *après-demain*
— **before yesterday** déï bi·*for* *yès*·teu·déï *avant-hier*
delay di·*léï* *retard*

delicatessen dè·li·keu·*tè*·seunn *charcuterie • traiteur*
department store di·*pârt*·mènnt stor *grand magasin*
departure di·*pâr*·tcheur *départ*
deposit di·*po*·sit *dépôt*
diaper *daï*·peur *couche*
dictionary *dik*·cheu·nè·ri *dictionnaire*
dining car *daï*·ninng kâr *wagon-restaurant*
dinner *di*·neur *dîner*
direct di·*rèkt* *direct(e)*
dirty *dœr*·ti *sale*
discount *dis*·kaont *remise*
dish dich *plat*
disk disk *disque • disquette*
doctor *dok*·teur *médecin*
dog dog *chien*
double *deu*·beul *double*
— **room** *deu*·beul roum *chambre pour deux personnes • chambre double*
dress drès *robe*
dress drès *s'habiller*
drink drink **n** *boisson*
driving licence *draï*·vinng *laï*·sènns *permis de conduire*
drunk dreunk *ivre*
dry draï *sécher*

E

early *œr*·li *tôt*
east iist *est*
eat iit *manger*
economy i·*keu*·no·mi *économie*
— **class** i·*keu*·no·mi klas *classe touriste*
embassy *èm*·beu·si *ambassade*
English *inn*·glich *Anglais(e) • anglais(e)*
enough i·*naf* *assez*
entry *ènn*·tri *entrée*
envelope *ènn*·veu·lop *enveloppe*
estate agency ès·*téït éï*·djèn·si *agence immobilière*
evening *iv*·ninng *soir*
every *èv*·ri *chaque*
everything *èv*·ri·Sinng *tout*
excess ik·*sès* *excédent*
exchange èks·*tchènndj* **n** *échange* • **v** *échanger*
— **rate** èks·*tchènndj* réït *taux de change*
exhibition ég·zi·*bi*·cheunn *exposition*
exit *èk*·zit *sortie*
expensive iks·*pènn*·siv *cher/chère*
express iks·*près* *express*
— **mail (by)** iks·*près* méïl (baï) *envoi par express*

F

family *fa*·mi·li *famille*
fare féïr *tarif*
fashion *fa*·cheunn *mode*
fast fast *rapide*
father *fa*·Zeur *père*
ferry *fè*·ri *bac*
fever *fi*·veur *fièvre*
film film *film* • **n** *pellicule*
fine faïnn *amende*
finger *fin*·geur *doigt*
first fœrst *premier/première*
— **class** *fœrst* klas *première classe*
flight flaït *vol*
floor floor **n** *plancher* • **n** *étage*
flu flouou *grippe*
footpath *fout*·paS *sentier*
foreign *fo*·rèïnn *étranger/étrangère*
forest *fo*·rèst *forêt*
free frii **a** *disponible* • **a** *gratuit(e)* • **a** *libre*
fresh frèch *frais/fraîche*
friend frènnd *ami(e)*

G

garden gâr·deunn *jardin*
gas gas **n** *gaz* • **n** *essence*
gift gift *cadeau*
glasses gla·seuz *lunettes*
gloves glovz *gants*
go go *aller*
 — out go a·out *sortir*
 — shopping go cho·pinng *faire les courses*
gold gold *or*
grateful greït·foul *reconnaissant(e)*
grey greï *gris(e)*
grocery gro·seu·ri *épicerie*
guesthouse gest·haous *pension (de famille)*
guided tour gaï·deud ta·our *visite guidée*

H

half hâf *moitié*
heated hii·teud *chauffé(e)*
help hèlp **v** *aider*
here hiir *ici*
highway haï·weï *autoroute*
hire haï·yeur *louer*
holidays ho·li·déïz *vacances*
honeymoon ho·nè·moun *lune de miel*
hospital hos·pi·teul *hôpital*
hot hot *chaud(e)*
hotel ho·tèl *hôtel*
hour aoueur *heure*
husband heus·bannd *mari*

I

included in·klou·deud *compris(e)*
identification aï·den·ti·fi·kéï·cheunn *pièce d'identité*
 — card (ID) aï·den·ti·fi·kéï·cheunn kârd (aï·dii) *carte d'identité*
information in·for·méï·cheunn *renseignements*
insurance in·cheu·ranns *assurance*
intermission in·teur·mi·cheunn *entracte*
Internet cafe in·teur·nèt ka·fè *cybercafé*
interpreter in·teur·preu·teur *interprète*
itinerary aï·ti·nè·reu·ri *itinéraire*

J

jacket dja·keut *veste*
jeans djiins *jean*
jewellery djou·wèl·ri *bijoux*
jumper djeum·peur *pull*

K

key kii *clé*
kind kaïnnd **a** *gentil/gentille* • **n** *genre*
kitchen kit·cheunn *cuisine*

L

laptop lap·top *ordinateur portable*
last last *dernier/dernière*
late léït *en retard*
later léï·teur *plus tard*
launderette lonn·drèt *laverie*
leather lè·Zeur *cuir*
leave liiv **v** *partir* • **v** *laisser*
left lèft *(à) gauche*
 — luggage lèft leu·gidj *consigne à bagages*
letter lè·teur *lettre*
lift lift *ascenseur*
linen li·neunn **n** *lin* • **n** *linge (de maison)*
locked lokt *fermé(e) à clé*
lost lost *perdu(e)*
luggage leu·gidj *bagages*
lunch leunnch *déjeuner*

EN DÉTAIL

M

make-up méïk·*eup* *maquillage*
man mann *homme*
map map **n** *carte* • **n** *plan*
market *mar*·keut *marché*
meal miil *repas*
meat miit *viande*
medicine *mè*·di·sinn **n** *médecine* • **n** *médicament*
menu *meu*·nyou *carte*
midnight mid·*naït* *minuit*
milk milk *lait*
mobile phone *mo*·baïl fonn *téléphone portable*
modem *mo*·deum *modem*
month monS *mois*
morning *mor*·ninng *matin*
mother *mo*·Zeur *mère*
motorcycle *mo*·to·saï·keul *moto*
mountain *maon*·téïnn *montagne*
museum myou·*zi*·eum *musée*
music *myou*·zik *musique*
— **shop** *myou*·zik chop *disquaire*

N

name néïm *nom*
newsagent *nyouz*·*éï*·djènnt *marchand de journaux*
newspaper *nyouz*·péï·peur *journal*
next nèkst *prochain(e)*
night naït *nuit*
no vacancy no *vè*·keunn·si *complet*
non-smoking nonn·*smo*·kinng *non-fumeur*
noon noun *midi*
north noorS *nord*
now na·o *maintenant*
number *num*·beur *numéro*

O

office *o*·fis *bureau*
— **worker** *o*·fis *woor*·keur *employé(e) de bureau*
oil oïl **n** *huile* • **n** *pétrole*
open *oo*·peunn **a** *ouvert(e)* • **v** *ouvrir*
opening hours *oo*·peu·ninng *ha*·ourz *heures d'ouverture*
orange *o*·rinndj *orange*
out of order a·out of *or*·deur *hors service*

P

painter *péïnn*·teur *peintre*
painting *péïnn*·tinng **n** *tableau* • **n** **painting** *péïnn*·tinng *peinture*
palace *pa*·las *palais*
pantyhose (USA) *pann*·ti·hoz *collant*
paper *pè*·peur *papier*
party *pâr*·ti **n** *soirée (fête)* • **n** *parti*
passenger *pa*·sènn·djeur *voyageur/voyageuse*
passport *pas*·poort *passeport*
path paS *chemin*
penknife *pènn*·naïf *canif*
pensioner *pènn*·chon·neur *retraité(e)*
petrol *pè*·trol *essence*
— **station** *pè*·trol *stéï*·cheunn *station-service*
phone book *foon* bouk *annuaire*
phone box *foon* boks *cabine téléphonique*
phone card *foon* kârd *télécarte*
phrasebook *fréïz*·bouk *guide de conversation*
picnic pik·nik *pique-nique*
pillow *pi*·leo *oreiller*
pillowcase *pi*·leo·kéïz *taie d'oreiller*
pink pink *rose*
platform *plat*·form *quai*

EN DÉTAIL

police peu·*liis* *police*
— **station** peu·*liis stéï*·cheunn *poste de police*
— **officer** peu·*liis o*·fi·seur *policier*
post code *poost* kod *code postal*
post office *post* o·fis *bureau de poste*
postcard *post*·kârd *carte postale*
pound paound *livre (sterling)* • *unité de mesure*
prescription près·*krip*·cheunn *ordonnance*
price praïs *prix*

R

receipt ri·*siit* *reçu*
red rèd *rouge*
refund re·*faond* *remboursement*
repair ri·*pèr* *réparer*
return ri·*tœrn* *revenir*
return (ticket) ri·*tœrn* (*ti*·keut) *aller-retour*
road rood *route*
room roum *chambre*

S

safe séïf **a** *sans danger* • **n** *coffre-fort*
sea sii *mer*
season *si*·zeunn *saison*
seat siit *place (assise)*
seatbelt *siit*·bèlt *ceinture de sécurité*
self service sèlf *sœr*·vis *libre-service*
service charge *sœr*·vis tchârdj *service*
share chèèr *partager (une chambre, une salle de bains, etc.)*
shirt chœrt *chemise*
shop n chop *magasin* • **v** *faire des courses*
shopping centre *cho*·pinng *sènn*·teur *centre commercial*
short chort *court(e)*
show choo **v** *montrer* • **n** *spectacle*
shower *cha*·weur *douche*
sick sik *malade*
silk silk *soie*
silver *sil*·veur *argent*
single *sinn*·geul *célibataire*
— **room** *sinn*·geul roum *chambre pour une personne* • *chambre simple*
sister *sis*·teur *sœur*
size saïz *taille*
skirt skœrt *jupe*
sleeping bag *slii*·pinng bag *sac de couchage*
sleeping car *slii*·pinng kâr *wagon-lit*
slide slaïd *diapositive*
smoke smook **n** *fumée* • **v** *fumer*
snack snak *casse-croûte*
snow snoo **n** *neige* • **v** *neiger*
socks soks *chaussettes*
son sonn *fils*
soon sououn *bientôt*
south saouS *sud*
spring sprinng **n** *ressort* • **n** *printemps*
stairway *stèr*·wéï *escalier*
stamp stamp *timbre*
stationer's (shop) *stéï*·cheu·neurz (chop) *papeterie*
stolen *sto*·leunn *volé(e)*
street striit *rue*
student *styou*·dènnt *étudiant(e)*
subtitles *seub*·taï·teulz *sous-titres*
suitcase *sout*·kèz *valise*
summer *seu*·meur *été*
supermarket *sou*·peur·mar·keut *supermarché*
surface mail (land) *seur*·féïs méïl (land) *voie terrestre (envoi du courrier)*
surface mail (sea) *seur*·féïs méïl (sii) *voie maritime (envoi du courrier)*
swim swim *nager*
swimming pool *swim*·minng poul *piscine*

T

tailor téï·leur *tailleur*
theatre Si·eu·teur *théâtre*
ticket ti·keut *billet*
— **machine** ti·keut meu·chinn *distributeur de billets*
— **office** ti·keut o·fis *guichet • billetterie*
timetable taïm·téï·beul *horaire*
tip tip *pourboire*
today tou·déï *aujourd'hui*
together tou·gè·Zeur *ensemble*
tomorrow tou·mo·ro *demain*
— **afternoon** tou·mo·ro af·teur·noun *demain après-midi*
— **evening** tou·mo·ro iiv·ninng *demain soir*
— **morning** tou·mo·ro moor·ninng *demain matin*
tour touour *voyage*
tourist tou·rist *touriste*
— **office** tou·rist o·fis *office du tourisme*
towel tao·weul *serviette*
train tréïn *train*
— **station** tréïn stéï·cheunn *gare ferroviaire*
transit lounge tran·zit laondj *salle de transit*
travel tra·veul *voyager*
— **agency** tra·veul è·djèn·si *agence de voyages*
travellers cheque trav·leurz tchèk *chèque de voyage*
trousers (GB) traou·zeurs *pantalon*

U

underwear eunn·deur·wèr *sous-vêtements*

V

vacancy véï·keunn·si *chambre libre*
vacant véï·keunnt *libre*
validate va·li·déït *valider*
vegetable vèdj·téï·beul *légume*
video recorder vi·dè·o ri·kor·deur *magnétoscope*
view vyou *vue*

W

waiting room wéï·tinng roum *salle d'attente*
walk wook *marcher*
wash woch *laver*
washing machine wo·chinng meu·chinn *machine à laver*
watch wotch **n** *montre* • **v** *regarder*
water wo·teur *eau*
week wiik *semaine*
west wèst *ouest*
when wènn *quand*
where wèr *où*
which witch *quel/quelle • lequel/laquelle • qui*
white waït *blanc/blanche*
who hou *qui*
why waï *pourquoi*
window winn·doo *fenêtre*
wine waïnn *vin*
winter winn·teur *hiver*
without wi·Zaout *sans*
woman wou·mann *femme*
wool woul *laine*

Y

year yeur *année*
yesterday yès·teur·déï *hier*
youth hostel youS hos·teul *auberge de jeunesse*

EN DÉTAIL

A

abréviations 5
achats 20, 22
adresse 8, 27, 46, 54
adresse e-mail 8, 60
affaires 59
âge 11
air conditionné 49, 57
alimentation 31, 34
aller simple (billet) 49
aller-retour (billet) 49
allergies 64
allergies (alimentaires) 32
annulations (billets) 49
appareil photo 24
appel en PCV 44
appellation 6
appels téléphoniques 44, 60
argent 21
arrêt (bus, train) 51
art 15
au revoir 6
auberge de jeunesse 54
aujourd'hui 68

B

bagages 48
ballet 25
banque 42
bars 25, 30
basiques 6
bière 30
billets (musées) 15
billets (transport) 48
blanchisserie 56
boire un verre 29
boissons (alcoolisées) 30
boissons (sans alcool) 29
boîte (de nuit) 25
buanderie 56
bus 50

C

café-restaurants 25, 27, 28
camping 54
cardinaux, points 47
carte de visite 59
carte SIM 44
carte téléphonique 43
cartes 13
cartes de crédit 21, 42, 56, 62
casse-croûte 28, 41
consigne 50
CD 24
centres d'intérêt 26
change (monnaie) 43, 56
chaussures 22
chèque de voyage 21, 42, 56, 62
chiffres 67
climat 12
circuler 47
civilités 6
climatisation 49, 57
coffre-fort 56
commander (boissons, repas) 29, 30
concerts 25, 26
conférence 59
contact 6, 9
conversation 6, 27
couleurs 67
courrier 42
courses 31
coûts 21, 44
croyances 12
cuisine 34, 56
cybercafés 45

D

dates 68
déjeuner 27
délits 62
demain 68
dentiste 63
départ 6, 58
dictionnaire
  français/anglais 70
  anglais/français 86
dîner 27
directions 46
discothèque 25
distributeur (de billets) 42
divertissements 25

E

eau 29
e-mails 45,
enregistrement (aéroport) 50
entrée 15
études 10
étudiant (billets) 49
excursions 17
expositions 14

F

famille 7
fax 60
films 25
fish-and-chips 28, 41
fumeur, espace (restaurant) 28
fumeur, espace (transport) 49

G

galeries 14
gastropub 28
gay 25
guide (livre) 13
guide (personne) 13
guide des films 25
guide des spectacles 25

H

hébergement 54
heure 68
hier 69
horaires d'ouverture 15
hôtels 54

I

Internet 45, 60
interprète 60

J

journal 23
jours de la semaine 68

L

langue 6, 9
lexique culinaire 34
librairies 23
lieux (sortir) 25
limite de vitesse 53
linge 57
liste d'attente 50
location (de voiture) 52
location (de moto) 52
Londres 18
Londres, environs de 17

M

maladies 65
marchander 21
médecin 63
médicaments 66
menu 33, 34
métro 50
mois 68
moto 52
musées 14
musique 23, 26

N

nationalitiés 9
non-fumeur, espace (restaurant) 27
non-fumeur, espace (transport) 49
numéros de téléphone 8, 43

O

objets perdus 62
ophtalmologue 63
opéra 25
ordinateurs 45, 60
orientation 46

P

paiement 21, 56
papeterie 23
payer 21

pellicule 24
pension 54
petit-déjeuner 27, 56
pharmacie 63
photographie 14, 24
plaintes (hébergement) 57
police 62
poste 42
points cardinaux 47
premier contact 6
prénom 7
présentations 7, 59
prix 21, 44
problèmes (santé) 63
problèmes (bagages) 50
problèmes (langue) 9
profession 10
pub 28

Q

quitter les lieux (hébergement) 58

R

reçu 21
réductions 15
régimes (alimentaires) 32
religion 12
rendez-vous 26, 60
renseignements (hébergement) 56
repas 27, 60
réservation (hébergement) 55
réservation (restaurant) 27
réservation (transport) 48
restaurant, aller au 27, 28
restrictions alimentaires 32
rétroprojecteur 60
réunion 59

S

s'orienter 46
saisons 69
salutations 6
santé 63, 64
sensations 11
sentiments 11
services 42
shopping (vêtements, chaussures) 22
shopping (général) 20
shopping (alimentation) 31
signalisation routière 53
sites 13, 18
situation familiale 7, 10
sorties 25
spectacles 25
symptômes 64

T

tailles (vêtements, chaussures) 23
taxis 50
tea-room 28
téléphone 43, 44
temps (durée) 68
temps (climat) 12
théâtre 25
titres 6
toilettes 49, 57, 61
tourisme 13
train 50
trajet 50
transport 46
transport public 50
travail (profession) 10

U

urgences 61, 63

V

vaccinations 64
végétaliens 32
végétariens 32
vêtements 22
vin 30, 33
visites 15, 17, 18
voiture 52
vols (bagages) 50
vols (biens) 62

CATALOGUE LONELY PLANET EN FRANÇAIS

Guides de voyage

Afrique de l'Ouest
Afrique du Sud, Lesotho et Swaziland
Algérie
Andalousie
Argentine
Asie centrale
Australie
Bali et Lombok
Bolivie
Brésil
Budapest et la Hongrie
Bulgarie
Cambodge
Canaries
Chili et île de Pâques
Chine
Corée
Corse
Costa Rica
Crète
Croatie
Cuba
Écosse
Égypte
Équateur et les Îles Galápagos
Espagne, Nord et Centre
Grèce continentale
Guadeloupe et Dominique
Guatemala
Îles grecques et Athènes
Inde du Nord
Inde du Sud
Iran
Irlande
Israël et les Territoires palestiniens
Italie
Japon
Jordanie
Kenya
Laos
Libye
Madagascar
Malaisie, Singapour et Brunei
Maldives
Maroc
Martinique, Dominique et Sainte-Lucie
Mexique
Myanmar (Birmanie)
Népal
Norvège
Nouvelle-Calédonie
Ouest américain
Pays Baltes ; Estonie, Lettonie, et Lituanie
Pérou
Portugal
Québec
République tchèque et Slovaquie
Réunion, Maurice et Rodrigues
Roumanie et Moldavie
Russie et Biélorussie
Sardaigne
Sénégal et Gambie
Seychelles
Sicile
Sri Lanka
Tahiti et la Polynésie française
Tanzanie
Thaïlande
Thaïlande, îles et plages
Toscane et Ombrie
Transsibérien
Tunisie
Turquie
Ukraine
Vietnam

Guides de villes

Barcelone
Berlin
Londres
Marrakech, Essaouira et Haut Atlas
Marseille et les calanques
Naples et la côte amalfitaine
New York
Rome
Venise

En quelques jours

Barcelone
Berlin
İstanbul
Londres
Madrid
Marrakech
New York
Paris
Prague
Tokyo

Guides de conversation

Allemand
Anglais
Arabe égyptien
Arabe marocain
Croate
Espagnol
Espagnol latino-américain
Grec
Hindi, ourdou et bengali
Italien
Japonais
Mandarin
Polonais
Portugais et brésilien
Russe
Thaï
Turc
Vietnamien

Petite conversation en

Allemand
Anglais
Espagnol
Italien

Petite conversation audio

Anglais
Espagnol
Italien